UM TETO TODO SEU

UM TETO TODO SEU

VIRGINIA WOOLF

TRADUÇÃO
Vera Ribeiro

Editora
Nova
Fronteira

Título original: *A Room of One's Own*

Direitos de edição da obra em língua portuguesa no Brasil adquiridos pela EDITORA NOVA FRONTEIRA PARTICIPAÇÕES S.A. Todos os direitos reservados. Nenhuma parte desta obra pode ser apropriada e estocada em sistema de banco de dados ou processo similar, em qualquer forma ou meio, seja eletrônico, de fotocópia, gravação etc., sem a permissão do detentor do copirraite.

EDITORA NOVA FRONTEIRA PARTICIPAÇÕES S.A.
Rua Candelária, 60 — 7º andar — Centro — 20091-020
Rio de Janeiro — RJ — Brasil
Tel.: (21) 3882-8200 — Fax: (21) 3882-8212/8313

imagem de capa: Foto de Virginia Woolf. S/a, circa 1927, Harvard Theatre Collection, Houghton Library, Harvard University/ Wikimedia.

Este ensaio baseia-se em dois artigos lidos perante a Sociedade das Artes, em Newnham, e a Odtaa, em Girton, em outubro de 1928. Os artigos eram demasiadamente extensos para serem lidos na íntegra e foram posteriormente alterados e ampliados.

Dados Internacionais de Catalogação na Publicação (CIP)

W913t Woolf, Virginia
    Um teto todo seu/ Virginia Woolf; tradução de Vera Ribeiro; prefácio por Ana Maria Machado – [Ed. especial]. – Rio de Janeiro: Nova Fronteira, 2022.
    120 p.; 12,5 x 18 cm; (Clássicos para Todos)

Título original: A Room of One's Own

ISBN: 978-65-5640-587-2

1. Literatura inglesa. I. Ribeiro, Vera. II. Título

CDD: 820
CDU: 820

André Queiroz – CRB-4/2242

CONHEÇA OUTROS
LIVROS DA EDITORA:

Sumário

Trancar-se para ser livre... 7

Capítulo I... 11
Capítulo II.. 32
Capítulo III... 47
Capítulo IV... 62
Capítulo V...84
Capítulo VI... 98

Sobre a autora...117

Trancar-se para ser livre

Virginia Woolf não foi apenas uma notável romancista, um dos nomes mais significativos da ficção em língua inglesa no século XX. Foi também uma admirável ensaísta com ideias próprias e originais, expostas de maneira clara e convincente. Sua obra de crítica literária é lida até hoje com o mesmo gosto que seus romances e contos. É o caso deste livro, que se tornou um clássico.

Originalmente, eram duas palestras sobre o mesmo tema — "As mulheres e a ficção" — proferidas no mesmo ano — 1928 — em diferentes datas e locais de Cambridge. A autora foi aos poucos se aprofundando no tema e aumentando os textos, estendendo sua reflexão. Acabou com dois longos artigos que na ocasião não chegaram a ser lidos integralmente, mas apenas em suas versões iniciais, bem mais enxutas. Essa reunião resultou neste ensaio, destinado a se tornar icônico, geralmente considerado uma pedra angular da crítica literária feminista.

Seu título quase se tornou um clichê, embora se refira apenas a uma parte dos requisitos fundamentais que a autora aponta para que uma mulher possa ser escritora — um teto todo seu. Um aposento onde a mulher possa se fechar. Desde então, tal exigência é sempre citada quando se fala na escrita feminina. Na maioria das vezes, porém, a citação omite a primeira metade da frase. Vale fazer sua reprodução integral, conforme o propósito da autora de dar ao público "uma pepita de verdade pura" que possa ser guardada ao final da reunião e recordada para sempre. Em suas palavras: "Tudo o que poderia fazer seria oferecer-lhes uma opinião acerca de um aspecto insignificante: a mulher precisa ter dinheiro e um teto todo seu se pretende mesmo escrever ficção."

Parece óbvio, e só numa exacerbação irônica isso pode ser considerado insignificante. Mas se levarmos em conta que as feministas continuam lutando até hoje para que o trabalho das mulheres tenha uma remuneração equiparada ao dos homens, logo verificamos a força dos preconceitos que atuam nessa área. E ao examinarmos mais de perto a dupla reivindicação de Virginia Woolf, logo percebemos que ela sintetiza toda uma constelação de condições necessárias.

Um teto todo seu significa um espaço próprio para trabalhar, como os homens têm a seu dispor quando escrevem, um local que seja respeitado, sem interrupções domésticas ou conjugais, sempre a cortar o fio da meada dos pensamentos e a exigir respostas para "A minha camisa está passada?" ou "A que horas sai o almoço?" ou "Mamãe, vem me limpar…" Significa, além de um espaço, também um tempo próprio, sem interferências externas. E, evidentemente, também pressupõe privacidade, sem bisbilhotice ou curiosidade e ninguém a espiar por cima do ombro o que vai sendo escrito ou a página recém-terminada posta de lado.

Mas um teto todo seu é apenas a segunda premissa citada pela autora. A primeira, o dinheiro, tantas vezes omitida da citação, vai além do pagamento propriamente dito. Tem a ver com autonomia. Com não precisar prestar contas a ninguém. Com tomar suas próprias decisões referentes a despesas, necessidades, prioridades de gastos. Com a administração de sua vida cotidiana, com independência, com ser dona de seu nariz. Não é pouca coisa. Ainda mais numa cultura como a latinoamericana, na qual tantas vezes os homens se sentem donos das mulheres e os números de feminicídios são alarmantes, até mesmo quando a mulher ganha seu próprio dinheiro ou é vista como chefe da família pela Receita Federal.

E ainda há outra condição fundamental, sobre a qual Virginia Woolf se detém na maior parte de seu ensaio — as oportunidades de educação tradicionalmente negadas às mulheres. Essa realidade se imbrica em outro aspecto: a falta de uma tradição letrada feminina secular que sirva de exemplo em que se apoiar. Ficou famosa a comparação que a autora fez entre a formação de Shakespeare em termos de experiências vitais e culturais e a que teria tido uma hipotética irmã do bardo, personagem fictícia que ela cria sob o nome de Judith Shakespeare. Hoje, entre nós, as garotas estudam. Mas isso é muito recente. Basta lembrar como Machado de Assis faz Capitu reclamar que deseja aprender latim e grego, mas que não era coisa que se ensinasse às moças. E mesmo hoje, ainda não se garante educação às mulheres em todo canto — como atesta a experiência de Malala, a jovem ganhadora do Nobel da Paz, baleada na cabeça pelo Talibã por insistir em defender escolas para as meninas.

Todas essas ideias e muitas mais são ventiladas neste livro fecundo e delicioso de ler, com uma prosa cheia de graça e inteligência, leve e nova, convincente e sem rancor, fresca mesmo quase um século depois de escrita. Livre como o pensamento de homens e mulheres.

Ana Maria Machado

Capítulo I

Mas, dirão vocês, nós lhe pedimos que falasse sobre as mulheres e a ficção — o que tem isso a ver com um teto todo seu? Vou tentar explicar. Quando vocês me pediram que falasse sobre as mulheres e a ficção, sentei-me à margem de um rio e comecei a pensar sobre o sentido dessas palavras. Poderiam significar simplesmente alguns comentários sobre Fanny Burney; alguns mais sobre Jane Austen; um tributo às irmãs Brontë e um esboço do Presbitério de Haworth sob a neve; alguns ditos espirituosos, se possível, sobre a srta. Mitford; uma alusão respeitosa a George Eliot; uma referência à sra. Gaskell — e estaríamos conversados. Mas, numa segunda reflexão, as palavras não pareceram tão simples. O título "As mulheres e a ficção" poderia significar — e talvez vocês o quisessem assim — a mulher e como ela é; ou poderia significar a mulher e a ficção que ela escreve; ou poderia significar a mulher e a ficção escrita sobre ela; ou talvez quisesse dizer que, de algum modo, todos três estão inevitavelmente associados e vocês desejariam que eu os examinasse sob esse ângulo. No entanto, quando comecei a ponderar sobre esta última forma do assunto, que parecia a mais interessante, logo percebi que havia um inconveniente fatal. Eu jamais conseguiria chegar a uma conclusão. Jamais conseguiria cumprir o que é, segundo entendo, o primeiro dever de um conferencista — estender-lhes, após uma hora de exposição, uma pepita de verdade pura para que a guardem entre as páginas de seus cadernos de notas e para sempre a conservem sobre o consolo da lareira. Tudo o que poderia fazer seria oferecer-lhes uma opinião acerca de um aspecto insignificante: a mulher precisa ter dinheiro e um teto todo seu se pretende mesmo escrever ficção; e isso, como vocês irão ver, deixa sem solução o grande problema da verdadeira natureza da mulher e da verdadeira natureza da ficção. Esquivei-me ao dever de chegar a uma conclusão sobre essas duas questões — a mulher e a ficção, no que me diz respeito, permanecem como problemas não solucionados. Mas, para compensar um pouco, vou fazer o possível para mostrar-lhes como cheguei a esse conceito do teto e do dinheiro. Vou expor diante de todos, tão livre e integralmente quanto puder, o encadeamento de ideias que me levou a pensar nisso. Talvez, se eu revelar as ideias e preconceitos que estão por trás dessa afirmação, vocês descubram que eles têm alguma relação com as mulheres e outro tanto com a ficção. De qualquer modo, quando um tema é altamente controvertido — e assim é qualquer questão sobre sexo —, não se pode pretender dizer a verdade. Pode-se apenas mostrar como se chegou a qualquer opinião que de fato se tenha. Pode-se apenas dar à plateia a oportunidade de tirar suas próprias conclusões, enquanto observa as limitações, os preconceitos e as idiossincrasias do orador. É provável que a ficção contenha aqui mais veracidade que fato. Portanto, valendo-me de todas as liberdades e licenças de um romancista, proponho contar-lhes a história dos dois dias que antecederam minha vinda aqui — o modo como, vergada sob o peso do tema que vocês depositaram em meus ombros, sobre ele ponderei e deixei-o entrar e sair de minha vida cotidiana. Não preciso dizer que o que estou prestes a descrever não tem existência: Oxbridge é uma invenção, o mesmo ocorrendo com Fernham; "eu" é apenas um termo conveniente para alguém desprovido de existência real. Mentiras fluirão de meus lábios, mas talvez possa haver alguma verdade no meio delas; cabe a vocês buscar essa verdade e decidir se vale a pena conservar alguma porção dela. Caso contrário, naturalmente jogarão tudo na cesta de lixo e se esquecerão do assunto.

Assim, ali estava eu (chamem-me Mary Benton, Mary Seton, Mary Carmichael ou pelo nome que lhes aprouver — isso não tem a menor importância), sentada à margem de um rio há uma ou duas semanas, gozando a amena temperatura de outubro e perdida em cogitações. Aquela canga de que falei — as mulheres e a ficção, a necessidade de se chegar a alguma conclusão sobre um tema que suscita toda sorte de preconceitos e paixões — vergava-me a cabeça até o solo. Para a direita e para a esquerda, tufos de plantas, dourados e rubros, resplandeciam, ígneos, parecendo mesmo queimados pelo calor. Na margem oposta, os salgueiros choravam o lamento eterno os cabelos a envolver-lhes os ombros. O rio refletia o que bem quisesse de céu e ponte e árvore flamejante, e, quando o universitário atravessou, remando, os reflexos, eles se extinguiram novamente, como se ele jamais tivesse existido. Qualquer um podia sentar-se ali horas a fio, imerso em pensamentos. O pensamento — para chamá-lo por nome mais imponente que o merecido — havia lançado sua linha na correnteza. Minuto após minuto, ela oscilou aqui e ali entre os reflexos e as ervas silvestres, ao sabor da água, que a erguia e a afundava, até (vocês conhecem aquele puxãozinho) sentir a súbita consolidação de uma ideia na ponta da linha: então, foi só puxá-la com cautela e expô-la cuidadosamente. Mas, ai de mim! Estendido na grama, quão insignificante pareceu esse meu pensamento, o tipo de peixe que o bom pescador devolve à água para que possa engordar e merecer, um dia, ser preparado e comido. Não os incomodarei agora com esse pensamento, muito embora, se atentarem bem, talvez o descubram por si no transcorrer do que vou falar.

Por menor que fosse, porém, ele tinha, ainda assim, a misteriosa propriedade dos de sua espécie — devolvido à mente, logo se tornou muito excitante e importante, e, enquanto ele arremetia e mergulhava, e se movia como um relâmpago de um lado para outro, desencadeou uma tal marulhada e tumulto de ideias, que me foi impossível permanecer calmamente sentada. Foi assim que me vi caminhando com extrema rapidez por um gramado. Imediatamente, um vulto de homem ergueu-se para interceptar-me. Nem percebi, a princípio, que os gestos daquela pessoa de aparência curiosa, de fraque e camisa engomada, eram a mim dirigidos. Seu rosto revelava horror e indignação. Mais o instinto que a razão veio em meu auxílio: ele era um bedel; eu era uma mulher. Aqui era o gramado; a trilha era lá. Somente os *fellows** e os estudantes têm permissão de estar aqui; meu lugar é no cascalho. Esses pensamentos foram obra de um momento. Quando retomei a trilha, os braços do bedel

---
*Estudante graduado de uma universidade mantido através de um fundo especial a fim de realizar determinados cursos de pós-graduação; membro de uma faculdade com direito a certos privilégios. (N.E.)

penderam, seu rosto assumiu a serenidade costumeira e, embora seja melhor andar no gramado que no cascalho, não houve maiores danos. A única acusação que eu poderia levantar contra os *fellows* e os estudantes de qualquer que fosse aquela universidade era que, para protegerem sua grama, há trezentos anos seguidos sendo aparada, eles haviam feito meu peixinho esconder-se.

Qual tinha sido a ideia que me fizera tão audaciosamente transgredir a lei eu já não conseguia lembrar. O espírito da paz desceu como uma nuvem dos céus, pois, se o espírito da paz habita algum lugar, são os pátios e as quadras de Oxbridge numa bela manhã de outubro. Perambulando em meio àqueles prédios universitários para além dos solares ancestrais, a dureza do presente como que se desvaneceu suavemente; o corpo parecia contido num miraculoso armário de vidro que nenhum som conseguia atravessar, e a mente, liberta de qualquer contato com a realidade (a menos que se invadisse o gramado novamente), estava livre para deter-se em qualquer meditação que se harmonizasse com o momento. Como quis o acaso, alguma lembrança perdida de algum velho ensaio em torno de uma revisita a Oxbridge nas férias de verão trouxe à mente Charles Lamb — são Charles, disse Thackeray, tocando a testa com uma carta de Lamb. De fato, dentre todos os mortos (transmito-lhes meus pensamentos tal como me chegaram), Lamb é um dos mais agradáveis, um a quem se gostaria de dizer: Então, diga-me, como escreveu seus ensaios? Pois seus ensaios são superiores até mesmo aos de Max Beerbohm, pensei, com toda a perfeição deles, por aquela centelha indomada da imaginação, aquele estalo relampejante de gênio no meio deles, que os deixa falhos e imperfeitos, mas estrelados de poesia. Então, Lamb talvez tenha vindo a Oxbridge há uns cem anos. É certo que escreveu um ensaio — o nome me escapa — sobre o manuscrito de um dos poemas de Milton que aqui viu. O "Lycidas", talvez, e Lamb escreveu sobre como o chocava pensar na possibilidade de que qualquer palavra do "Lycidas" pudesse ter sido diferente do que é. Pensar em Milton alterando as palavras daquele poema parecia-lhe uma espécie de sacrilégio. Isso levou-me a recordar o que pude do

"Lycidas" e a divertir-me imaginando qual poderia ter sido a palavra alterada por Milton, e por quê. Ocorreu-me então que o próprio manuscrito que Lamb examinara estava a apenas alguns metros, de modo que seria possível seguir-lhe os passos através do pátio até a famosa biblioteca onde o tesouro está guardado. Além disso, lembrei-me, enquanto punha esse plano em execução, é nessa famosa biblioteca que se conserva também o manuscrito do *Esmond*, de Thackeray. Os críticos frequentemente afirmam que *Esmond* é o mais perfeito dos romances de Thackeray. Mas a afetação do estilo, com sua imitação do século XVIII, é um empecilho, tanto quanto possa lembrar-me; a menos, é claro, que o estilo do século XVIII fosse natural em Thackeray — um fato que se poderia comprovar examinando o manuscrito e verificando se as alterações foram feitas em benefício do estilo ou do sentido. Mas, nesse caso, seria necessário determinar o que é estilo e o que é sentido, uma questão que... Mas, nesse ponto, eu já estava exatamente na porta de entrada da própria biblioteca. Devo tê-la aberto, pois instantaneamente emergiu, como um anjo da guarda a barrar o caminho com um agitar de túnica negra, e não de asas brancas, um cavalheiro súplice, grisalho e gentil, que deplorou em voz baixa, e a fazer-me sinais para que saísse, que as damas só são admitidas na biblioteca acompanhadas por um *fellow* da faculdade ou providas de uma carta de apresentação.

Que uma biblioteca famosa tenha sido amaldiçoada por uma mulher é motivo de total indiferença para uma biblioteca famosa. Venerável e calma, com todos os seus tesouros seguramente trancafiados em seu bojo, ela dorme complacentemente e, no que me diz respeito, há de dormir para sempre. Nunca despertarei esses ecos, nunca buscarei novamente essa hospitalidade, jurei enquanto descia os degraus, enfurecida. Restava ainda uma hora antes do almoço, e o que fazer? Passear pelas pradarias? Sentar à beira do rio? Decerto era uma adorável manhã de outono; as folhas revoluteavam, rubras, até o chão; não haveria grande dificuldade em fazer uma ou outra coisa. Mas o som de música chegou-me aos ouvidos. Realizava-se algum serviço religioso ou comemoração. O órgão lamuriava magnificamente quando passei pela porta da capela. Mesmo a tristeza do cristianismo soava naquele ar sereno mais como a recordação da tristeza que como a própria tristeza; até os gemidos do antigo órgão pareciam envoltos em paz. Não senti nenhum desejo de entrar, tivesse eu tal direito, e dessa vez, quem sabe, o sacristão me tivesse detido, exigindo, talvez, minha certidão de batismo ou uma carta de apresentação do deão. Mas o exterior desses magníficos prédios era muitas vezes tão belo quanto o interior. Além disso, era suficientemente divertido observar a congregação reunindo-se, entrando e voltando a sair, mantendo-se ocupada à porta da capela como abelhas à entrada da colmeia. Muitos usavam barretes e túnicas; alguns traziam borlas de pele aos ombros; outros eram empurrados em cadeiras de rodas; outros, embora não passassem da meia-idade, pareciam ter rugas amassadas de formas tão singulares que faziam pensar naqueles caranguejos e lagostins gigantes a se arremeterem com dificuldade através da areia de um aquário. Quando me encostei no muro, a universidade pareceu-me de fato um santuário onde se preservavam tipos raros, que logo se tornariam obsoletos se deixados a lutar pela existência nas calçadas do Strand. Velhas histórias de velhos deões e velhos lentes voltaram-me à mente, mas, antes que eu reunisse coragem para assobiar — costumava-se dizer que, ao som de um assobio, o velho professor... irrompia instantaneamente num galope —, a venerável congregação já havia entrado. Restava o exterior da capela. Como vocês sabem, suas altas cúpulas e torres podem ser vistas, qual barco à vela que sempre navega sem nunca chegar, iluminado à noite e visível por milhas, ao longe, além das montanhas. Um dia, presumivelmente, esse pátio quadrangular com seus gramados macios, os sólidos edifícios e a própria capela foram também um charco, onde a relva ondulava e os porcos fuçavam. Juntas de cavalos e bois, pensei eu, devem ter puxado as pedras em carroças desde condados distantes, e depois, exaustivamente, os blocos cinzentos a cuja sombra eu me detinha agora foram sendo depositados uns sobre os outros, e depois os pintores trouxeram os vidros para as janelas e os pedreiros trabalharam com afinco séculos a fio naquele telhado, com estuque e cimento, pá e colher. Todos os sábados, alguém deve ter-lhes despejado dinheiro de uma bolsa de couro nas velhas mãos, pois é de presumir que tenham sido noites de puro divertimento. Pensei que uma torrente infindável de moedas de ouro e de prata deve ter jorrado permanentemente nesse pátio, para que as pedras continuassem a chegar e os pedreiros a trabalhar — para aplainar, cavar, revolver e drenar. Mas estávamos então na idade da fé, e o dinheiro era generosamente derramado para se assentarem essas pedras em fundações profundas, e, quando se levantaram as pedras, mais dinheiro ainda nelas se derramou dos cofres de reis e rainhas e nobres ilustres, como garantia de que aqui se cantariam hinos e se instruiriam estudantes. Concederam-se terras, pagaram-se dízimos. E quando terminou a idade da fé e veio a idade da razão, o mesmo jorro de ouro e prata prosseguiu — *fellowships** foram instituídas e dotaram-se docências de fundos especiais para a sua manutenção, só que, agora, o ouro e a prata jorravam não dos cofres do rei, mas das arcas de comerciantes e industriais, das carteiras de homens que tinham feito, digamos, fortuna na indústria e, em seus testamentos, dela restituído generosa parcela para favorecer mais cátedras, mais docências e mais *fellowships* à universidade onde haviam aprendido seu ofício. Daí as bibliotecas e laboratórios, os observatórios, o esplêndido equipamento de instrumentos dispendiosos e delicados, hoje dispostos em prateleiras de vidro, onde, séculos atrás, ondulava a relva e fuçavam os porcos. Sem dúvida, enquanto eu percorria o pátio interno, a fundação feita de ouro e prata pareceu-me suficientemente profunda; o calçamento assentava-se solidamente sobre o capim silvestre. Homens com bandejas na cabeça agitavam-se de escada em escada. Vistosas flores desabrochavam nos peitoris das janelas. Acordes saídos do gramofone berravam do interior dos alojamentos. Era impossível não repercutir — repercussão que, qualquer que tenha sido, foi bruscamente interrompida. O relógio bateu. Era hora de nos dirigirmos para o almoço.

---

* Fundação para manutenção de estudantes graduados chamados *fellows*, que frequentam determinados cursos de pós-graduação e geralmente residem nas universidades. (N.E.)

É um fato curioso como os romancistas têm um jeito de fazer-nos crer que os almoços são invariavelmente memoráveis por algo muito espirituoso que se disse ou muito sábio que se fez. Raramente, porém, desperdiçam sequer uma palavra sobre o que se comeu. Faz parte do consenso dos romancistas não mencionar sopa, salmão e pato, como se sopa, salmão e pato não tivessem importância alguma, como se ninguém jamais tivesse fumado um charuto ou bebido um copo de vinho. Aqui, no entanto, tomarei a liberdade de desafiar esse consenso e de dizer-lhes que o almoço, nessa ocasião, começou com filés de linguado num prato fundo sobre o qual o cozinheiro da universidade espalhara uma cobertura do mais alvo creme, não fossem, aqui e ali, manchas castanhas como as dos flancos de uma corça. Depois disso vieram as perdizes, mas enganam-se se isso lhes sugere um par de aves implumes e escuras num prato. As perdizes, numerosas e variadas, vieram acompanhadas de todo o seu séquito de molhos e saladas, picantes e doces, cada qual na sua ordem de entrada: suas batatas, finas como moedas, mas não tão duras; seus grelos, folheados como botões de rosa, porém mais suculentos. E mal havíamos terminado o assado e seu cortejo, o garçom silencioso, talvez o próprio bedel numa manifestação mais branda, pôs diante de nós, enrolado em guardanapos, um doce que se erguia em ondas de açúcar. Chamá-lo pudim, aparentando-o assim com o arroz e a tapioca, seria um insulto. Enquanto isso, os copos de vinho tinham-se tingido de amarelo e de vermelho, tinham-se esvaziado, tinham-se enchido. E assim, gradativamente, a meio caminho da espinha dorsal, que é a sede da alma, acendeu-se não aquela luzinha elétrica intensa a que chamamos brilhantismo, que subitamente surge e desaparece em nossos lábios, mas o clarão mais profundo, sutil e subterrâneo que é a rica chama dourada do diálogo racional. Nada de pressa. Nada de brilhos. Nada de ser alguém mais que si mesmo. Vamos todos para o céu e Vandyck é parte do grupo — em outras palavras, como parecia boa a vida, como pareciam doces suas recompensas, como parecia banal este ressentimento ou aquele queixume, como pareciam admiráveis a amizade e a companhia dos semelhantes, quando, acendendo um bom cigarro, a gente se deixava afundar entre as almofadas junto à janela.

Se, por sorte, tivesse havido à mão um cinzeiro, se, por falta dele, não se tivesse batido a cinza fora da janela, se as coisas tivessem sido um pouco diferentes do que foram, é provável que não se tivesse visto um gato sem rabo. A visão daquele animal inesperado e mutilado atravessando o pátio em passadas suaves modificou, por acaso feliz da inteligência subconsciente, a luz emocional em mim. Foi como se alguém deixasse cair uma sombra. Talvez o excelente Reno estivesse abdicando de sua influência. Sem dúvida, ao observar o gato cotó parar no meio do gramado, como se também ele questionasse o universo, foi como se faltasse algo, algo parecesse diferente. Mas o que estava faltando, o que parecia diferente?, perguntei a mim mesma, enquanto ouvia a conversa. E, para responder a essa pergunta, tive de deixar a sala em pensamento, recuar até o passado, de fato antes da guerra, e pôr diante de meus olhos a imagem de outro almoço realizado em locais não muito distantes destes; mas diferentes. Tudo era diferente. Enquanto isso, a conversa prosseguia entre os convidados, que eram numerosos e jovens, uns deste sexo, outros daquele; prosseguia suavemente, prosseguia agradavelmente, livremente, divertidamente. E, enquanto prosseguia, coloquei-a contra o fundo daquela outra conversa, e, comparando as duas, não tive dúvidas de que uma era a descendente, a herdeira legítima da outra. Nada havia mudado, nada era diferente, exceto apenas... Nesse ponto, escutei, toda ouvidos, não exatamente o que estava sendo dito, mas o murmúrio ou correnteza por trás. Sim, era isso — ali estava a mudança. Antes da guerra, num almoço como esse, as pessoas diriam precisamente as mesmas coisas, mas elas teriam soado diferente, pois, naqueles dias, eram acompanhadas de uma espécie de cantarolar, não articulado, mas musical, excitante, que alterava o valor das próprias palavras. Seria possível pôr em palavras aquele cantarolar? Talvez sim, com a ajuda dos poetas. Havia um livro a meu lado, e, abrindo-o, folheei-o até deparar casualmente com Tennyson. E aqui descobri que Tennyson cantava:

There has fallen a splendid tear
From the passion-flower at the gate.
She is coming, my dove, my dear;
She is coming, my life, my fate;
The red rose cries, "She is near, she is near";
And the white rose weeps, "She is late";
The larkspur listens, "I hear, I hear";
And the lily whispers, "I wait"*

Era isso o que os homens cantarolavam nos almoços antes da guerra? E as mulheres?

My heart is like a singing bird
Whose nest is in a water'd shoot;
My heart is like an apple tree
Whose boughs are bent with thick-set fruit;
My heart is like a rainbow shell
That paddles in a halcyon sea;
My heart is gladder than all these
Because my love is come to me.**

O que era que as mulheres cantarolavam nos almoços antes da guerra?

Era alguma coisa tão ridícula pensar nas pessoas cantarolando essas coisas, mesmo a meia-voz, nos almoços antes da guerra, que

---

* Trad. livre: Rolou uma esplêndida lágrima/Da flor-da-paixão no portão;/Ela está vindo, pomba minha, minha amada;/Ela está vindo, minha vida, meu fado;/Grita a rosa vermelha, "Ela está perto, ela está perto";/E chora a rosa branca, "Ela está atrasada";/A esporeira escuta, "Eu ouço, eu ouço";/E o lírio sussurra, "Eu espero". (N.T.)

** Trad. livre: Meu coração é qual pássaro canoro/Cujo ninho está num broto orvalhado;/Meu coração é qual uma macieira/Cujos ramos se vergam com frutos polpudos;/Meu coração é qual concha multicor/Que navega docemente em mar tranquilo;/Meu coração é mais radioso que todos eles/Pois meu amor veio até mim. (N.T.)

caí na risada e tive de explicar meu riso apontando para o gato cotó, que parecia mesmo um tanto ridículo, pobre animal, sem rabo, no meio do gramado. Será que realmente nasceu assim, ou terá perdido o rabo num acidente? O gato sem rabo, embora afirmem que existem alguns na Ilha de Man, é mais raro do que se supõe. E um animal esquisito, mais singular que belo. É estranha a diferença que faz um rabo — vocês sabem, o tipo de coisas ditas enquanto um almoço termina e as pessoas começam a procurar seus casacos e chapéus.

Esse, graças à hospitalidade do anfitrião, havia-se estendido tarde adentro. O lindo dia de outubro findava e as folhas caíam das árvores da avenida, enquanto eu a percorria. Portão após portão pareciam cerrar-se com mansa determinação atrás de mim. Inúmeros bedéis enfiavam chaves sem conta em fechaduras bem lubrificadas; a tesouraria era trancada por mais uma noite. Depois da avenida, a gente sai numa estrada — esqueço-lhe o nome — que leva, caso se vire à direita, até Fernham. Mas havia muito tempo. O jantar não seria servido antes das sete e meia. Era quase possível se passar sem o jantar depois daquele almoço. Estranho como um fragmento de poesia atua na mente e faz com que as pernas se movam ao ritmo dele pela estrada. Aquelas palavras...

There has fallen a splendid tear
From the passion-flower at the gate.
She is coming, my dove, my dear —

cantavam em minhas veias, enquanto prosseguia rapidamente rumo a Headingley. E então cantei, passando para o outro metro, onde as águas são revolvidas pelo açude:

My heart is like a singing bird
Whose nest is in a water'd shoot;
My heart is like an apple tree...

Que poetas!, exclamei em voz alta, como se faz ao cair da noite, que poetas aqueles!

Numa espécie de ciúme, suponho, de nossa própria época, por mais tolas e absurdas que sejam essas comparações, comecei a indagar-me se, honestamente, seria possível apontar dois poetas vivos tão grandes hoje quanto foram Tennyson e Christina Rossetti naquela época. Obviamente, pensei, olhando para aquelas águas espumantes, é impossível compará-los. A própria razão por que aquela poesia nos excita a tal abandono, tal enlevo é que ela celebra algum sentimento que costumávamos ter (nos almoços antes da guerra, talvez), de modo que reagimos facilmente, familiarmente, sem o trabalho de investigá-lo ou compará-lo com qualquer outro que tenhamos agora. Mas os poetas vivos expressam um sentimento que, de fato, está no momento sendo feito e arrancado de nós. Para começar, não nos reconhecemos nele; muitas vezes, por alguma razão, nós o tememos; nós o observamos com agudeza e o comparamos, enciumados e desconfiados, imbuídos do velho sentimento nosso conhecido. Daí a dificuldade da poesia moderna, e é por causa dessa dificuldade que não conseguimos lembrar mais que dois versos consecutivos de qualquer bom poeta moderno. Por esse motivo — o de que a memória me falhou — a discussão amainou por falta de elementos. Mas por que, continuei, prosseguindo rumo a Headingley, paramos de cantarolar a meia-voz nos almoços? Por que Alfred parou de cantar

She is coming, my dove, my dear?

E por que Christina parou de responder

My heart is gladder than all these
Because my love is come to me?

Devemos responsabilizar a guerra? Quando os canhões dispararam em agosto de 1914, será que os rostos dos homens e mulheres pareceram tão feiosos aos olhos uns dos outros a ponto de matar o romantismo? Há de ter sido um choque (particularmente para as mulheres, com suas ilusões sobre educação, e assim por diante) ver os rostos de nossos governantes à luz do fogo de artilharia. Tão feios eram eles — os alemães, os ingleses, os franceses —, tão estúpidos! Mas onde quer que se ponha a culpa, em quem quer que se a coloque, a ilusão que inspirou Tennyson e Christina Rossetti a cantarem tão apaixonadamente a chegada de seus amantes é bem mais rara agora do que naquela época. Basta ler, olhar, escutar, lembrar. Mas por que dizer "responsabilizar"? Por que, se era uma ilusão, não louvar a catástrofe, qualquer que tenha sido, que destruiu a ilusão e pôs a verdade em seu lugar? Pois a verdade... Estas reticências assinalam o ponto onde, em busca da verdade, perdi a entrada para Fernham. Sim, de fato, qual era a verdade e qual era a ilusão?, perguntei a mim mesma. Qual a verdade sobre essas casas, por exemplo, agora obscuras e festivas com suas janelas rubras ao cair da noite, mas feias, vermelhas e esquálidas, com seus doces e seus cordões de sapatos, às nove horas da manhã? E os salgueiros e o rio e os jardins que descem correndo até o rio, difusos agora, com a neblina a descer furtivamente sobre eles, mas dourados e vermelhos à luz do sol — qual a verdade e qual a ilusão acerca deles? Poupo-lhes as voltas e meandros de minhas cogitações, pois não se chegou a conclusão alguma na estrada para Headingley, e peço-lhes que imaginem que logo descobri meu erro quanto à entrada e refiz meus passos até Fernham.

Como já disse que era um dia de outubro não me atrevo a perder o seu respeito e pôr em risco o bom nome da ficção mudando a estação e descrevendo lilases pendendo de muros de jardins, açafrões, tulipas e outras flores da primavera. A ficção deve ater-se aos fatos e, quanto mais verdadeiros os fatos, melhor a ficção — é o que nos dizem. Portanto, ainda era outono e as folhas ainda estavam amarelecidas e caíam, quando muito, um pouco mais depressa que antes, pois então era noite (sete e vinte e três, para ser precisa) e uma brisa (do sudoeste, para ser exata) começava a soprar. Mas, com tudo isso, havia algo estranho em andamento:

> *My heart is like a singing bird*
> *Whose nest is in a water'd shoot;*
> *My heart is like an apple tree*
> *Whose boughs are bent with thick-set fruit...*

talvez as palavras de Christina Rossetti fossem parcialmente responsáveis pela tolice da fantasia — não passava, de fato, de mera fantasia de que o lilás sacudia suas flores por sobre os muros dos jardins, e as borboletas sulfurinas corriam aqui e ali, e a poeira do pólen estava no ar. Soprou um vento, de onde não sei, mas que ergueu as folhas crescidas a meio, de modo que houve um rasgo de cinza-prateado no ar. Era a hora do crepúsculo em que os matizes ganham mais intensidade e os púrpuras e dourados ardem nos vidros das janelas como as batidas de um coração excitável; quando, por alguma razão, a beleza do mundo revelada e prestes a findar (nesse ponto, fui num impulso até o jardim, pois a porta ficara inadvertidamente aberta e não parecia haver bedéis por perto), a beleza do mundo que logo findará, tem dois gumes, um de riso, outro de angústia, que cortam o coração em pedaços. Os jardins de Fernham estavam diante de mim no crepúsculo primaveril, desertos e vastos, e no extenso gramado, salpicados de água e negligentemente espalhados, havia narcisos e jacintos, não ordenados, talvez, nas melhores ocasiões e agora dobrados pelo vento e ondulantes, repuxados nas raízes. As janelas do prédio, curvas como escotilhas de navio por entre generosas ondas de tijolo vermelho, iam da cor de limão ao prateado com a passagem das ligeiras nuvens de primavera. Havia alguém numa rede, alguém, mas nessa luz eram apenas fantasmas, meio adivinhados, meio vistos, perseguidos através do gramado — será que ninguém pode pará-la? —, e então, no terraço, como se saltando para respirar o ar, para olhar o jardim, surgiu um vulto vergado, impressionante, mas humilde, com sua ampla testa e seu vestido surrado — seria a famosa acadêmica, seria a própria J... H...? Tudo estava escuro, mas intenso também, como se a mantilha que o anoitecer estendera sobre o jardim tivesse sido despedaçada por estrela ou espada — o lampejo de alguma terrível realidade saltando, como de costume, do coração da primavera. Pois a juventude...

Ali estava minha sopa. O jantar estava sendo servido no grande refeitório. Longe de ser primavera, era de fato uma noite de outono. Todos estavam reunidos no grande refeitório. O jantar estava pronto. Ali estava a sopa. Era um simples caldo de carne. Nada havia nele que atiçasse a imaginação. Teria sido possível ver através do líquido transparente qualquer desenho que houvesse no próprio prato. Mas não havia desenho algum. O prato era liso. Em seguida veio a carne de vaca com seu acompanhamento de legumes verdes e batatas — uma trindade doméstica, sugerindo alcatras de boi em algum mercado lamacento, couves-de-bruxelas murchas e amareladas nas pontas, pechinchas e reduções do preço, e mulheres com sacolas de alças segunda-feira de manhã. Nenhuma razão havia para reclamar do alimento diário da natureza humana, visto que a quantidade era suficiente e que os mineiros de carvão sem dúvida estariam se sentando à mesa para algo menos. Seguiram-se ameixas secas com creme. E se alguém se queixar de que as ameixas secas, mesmo quando suavizadas pelo creme, são um legume impiedoso (fruta é o que não são), fibrosas como o coração de um avarento e ressumando um líquido semelhante ao que deve correr nas veias dos sovinas que negaram a si mesmos vinho e calor durante oitenta anos, e ainda não dados aos pobres, deverá considerar que há pessoas cuja caridade abarca até a ameixa seca. Vieram a seguir biscoitos e queijo, e nesse ponto a jarra de água circulou prodigamente de mão em mão, pois é próprio dos biscoitos serem secos, e esses eram biscoitos até à alma. Isso foi tudo. A refeição estava terminada. Todos arrastaram suas cadeiras para trás; as portas de vaivém abriram-se violentamente para lá e para cá; logo o refeitório estava esvaziado de qualquer sinal de comida e pronto, sem dúvida, para o café da manhã seguinte. Ao longo de corredores e escadas acima, a juventude da Inglaterra ia batendo portas e cantando. E caberia a uma convidada, uma estranha (pois eu não tinha mais direitos aqui em Fernham que em Trinity ou Somerville ou Girton ou Newnham ou Christchurch), dizer "O jantar não estava bom", ou dizer (estávamos agora, Mary Seton e eu, em sua sala de estar) "Não poderíamos ter jantado aqui sozinhas?", pois, se eu dissesse qualquer coisa do gênero, estaria me intrometendo e bisbilhotando a administração secreta de uma casa que, para um estranho, ostenta uma fachada tão distinta de alegria e coragem. Não, não era possível dizer nada parecido. De fato, a conversa decaiu por um momento. Sendo a estrutura humana o que é, coração, corpo e cérebro misturados, e não contidos em compartimentos separados, como sem dúvida serão em mais um milhão de anos, um bom jantar é de grande importância para a boa conversa. Não se pode pensar bem, amar bem, dormir bem, quando não se jantou bem. A lâmpada na espinha não acende com carne de vaca e ameixas secas. Todos iremos *provavelmente* para o céu, e Vandyck, *esperamos*, virá em nosso encontro na próxima esquina — tal o estado de espírito equívoco e limitado que geram as ameixas secas ao final de um dia de trabalho. Felizmente, minha amiga que ensinava ciências tinha um guarda-louça onde havia uma garrafa atarracada e copinhos (mas deveria ter havido linguado e perdizes, para começar), de modo que conseguimos acomodar-nos junto ao fogo e reparar alguns dos danos causados por aquele dia de vida. Em mais ou menos um minuto, estávamos nos movendo livremente por entre todos aqueles alvos de curiosidade e de interesse que se formam na mente na ausência de determinada pessoa, e que naturalmente serão discutidos quando voltarmos a nos encontrar — como alguém se casou, e outro não; um pensa isso, outro aquilo; um progrediu, ultrapassando todas as expectativas, outro saiu-se surpreendentemente mal — com todas essas especulações sobre a natureza humana e o caráter do espantoso mundo em que vivemos, que decorrem naturalmente de tais começos. Enquanto essas coisas eram ditas, no entanto, conscientizei-me, com muita vergonha, de uma corrente instalando-se por vontade própria e levando tudo adiante até seu próprio fim. Podíamos estar falando da Espanha ou de Portugal, de livros ou corridas de cavalos, mas o interesse real do que quer que se dissesse não estava em nenhuma dessas coisas, mas numa cena de pedreiros num telhado alto cerca de cinco séculos atrás. Reis e nobres traziam tesouros em sacos imensos e derramavam-nos sob a terra. Essa cena sempre ganhava vida em minha mente e se colocava ao lado de outra, de vacas magras e um mercado lamacento e verduras murchas e os corações fibrosos de homens velhos — esses dois quadros, por mais desarticulados, desconexos e absurdos que fossem, estavam perpetuamente a juntar-se e a combater um ao outro, tendo-me inteiramente à sua mercê. A melhor providência, a menos que se quisesse distorcer toda a conversa, era expor ao ar o que estava em minha mente, quando, com sorte, a coisa definharia e se desintegraria como a cabeça do rei morto quando lhe abriram o caixão em Windsor. Em suma, portanto, falei com a srta. Seton acerca dos pedreiros que tinham estado todos aqueles anos no telhado da capela, e sobre os reis e rainhas e nobres carregando nos ombros sacas de ouro e prata que lançavam com pás à terra em grandes quantidades; e depois, sobre como os grandes magnatas financeiros de nossa própria época chegaram e depositaram cheques e títulos financeiros, suponho, onde os outros haviam depositado lingotes e pepitas brutas de ouro. Tudo isso está abaixo dos prédios das faculdades que lá estão, disse eu; mas e esta faculdade, onde estamos agora sentadas, o que há abaixo de seus imponentes tijolos vermelhos e dos agrestes e malcuidados gramados do jardim? Que força estará por trás da louça simples em que jantamos, e (nesse ponto, as palavras saltaram de minha boca antes que pudesse detê-las) da carne de vaca, do creme e das ameixas secas?

Bem, disse Mary Seton, por volta de 1860... Ah, mas você conhece a história, interrompeu-se, entediada, ao que suponho, pela narrativa. E me contou: alugaram quartos. Houve reuniões de comitês. Endereçaram envelopes. Rascunharam circulares. Realizaram reuniões; leram cartas; fulano de tal prometeu tanto; o sr..., ao contrário, recusa-se a dar um centavo. O *Saturday Review* foi muito rude. Como podemos levantar fundos para pagar por escritórios? Devemos promover um bazar de caridade? Será que não conseguiremos uma jovem bonita para sentar-se na primeira fila? Vamos ver o que disse John Stuart Mill sobre o assunto. Será que alguém consegue convencer o editor do... a publicar uma carta? Podemos fazer com que Lady... a assine? Lady... está fora da cidade. Foi desse modo que a coisa se fez, presumivelmente, sessenta anos atrás, e foi um esforço prodigioso, e muito tempo se despendeu nisso. E somente depois de uma longa luta e com a mais extrema dificuldade é que elas conseguiram reunir trinta mil libras.* Portanto, obviamente, não podemos ter vinho e perdizes e criados carregando bandejas de metal na cabeça. Não podemos ter sofás e quartos separados. "As amenidades", disse ela, citando um trecho de algum livro, "terão de esperar".**

Ao pensarmos em todas aquelas mulheres trabalhando ano após ano e sentindo dificuldade em reunir duas mil libras, e que trabalharam tudo o que puderam para obter trinta mil libras, irrompemos numa explosão de escárnio diante da repreensível pobreza de nosso sexo. O que estavam fazendo nossas mães que não tiveram nenhuma riqueza para nos legar? Empoando o nariz? Olhando as vitrines das lojas? Exibindo-se ao sol em Monte Carlo? Havia algumas fotografias sobre a lareira. A mãe de Mary — se é que aquele era seu retrato — talvez tivesse sido uma esbanjadora em suas horas vagas (teve 13 filhos de um pastor da Igreja), mas, se assim foi, a vida alegre e dissoluta lhe havia deixado muito poucos traços de seus prazeres no rosto. Era uma pessoa comum: uma senhora idosa com um xale pregueado preso por um grande camafeu, e estava sentada numa cadeira de vime, fazendo com que um *spaniel* olhasse para a câmera, com a expressão divertida, embora tensa, de alguém segura de que o cachorro se mexerá no instante em que o botão for apertado. Agora, se ela tivesse entrado

---

* "Dizem-nos que devemos pedir pelo menos trinta mil libras. (...) Não é um grande soma, considerando-se que haverá apenas uma faculdade desse tipo para Grã-Bretanha, a Irlanda e as Colônias, e considerando-se o quanto é fácil levantar somas imensas para escolas de rapazes. No entanto, considerando o número tão pequeno de pessoas realmente desejosas de que as mulheres sejam instruídas, é um bom negócio." — LADY STEPHEN, *Emily Davies and Girton College*. (N.A.)
** "Cada centavo que se conseguia juntar era separado para a construção, e as amenidades tiveram de ser adiadas." — R. STRACHEY, *The Cause* (N.A.)

no mundo dos negócios, se se tivesse tornado fabricante de seda artificial ou magnata da Bolsa de Valores; se tivesse deixado duzentas ou trezentas mil libras para Fernham, poderíamos ter-nos sentado à vontade esta noite e talvez o assunto de nossa conversa tivesse sido arqueologia, botânica, antropologia, física, a natureza do átomo, matemática, astronomia, a relatividade ou geografia. Se apenas a sra. Seton e sua mãe e a mãe de sua mãe tivessem aprendido a grande arte de ganhar dinheiro e tivessem deixado seu dinheiro, como fizeram seus pais e seus avós antes deles, para instituir *fellowships* e docências e prêmios e bolsas de estudo apropriadas para uso dos membros de seu próprio sexo, poderíamos ter jantado aqui em cima, sozinhas e bem razoavelmente, uma ave e uma garrafa de vinho; poderíamos ter antecipado, sem indevida confiança, uma vida agradável e honrada no refúgio de uma das profissões generosamente beneficiadas. Poderíamos ter ficado explorando ou escrevendo; vagueando pelos lugares veneráveis da Terra; sentando, contemplativas, nos degraus do Partenon, ou indo para um escritório às dez da manhã e voltando tranquilamente para casa às quatro e meia para escrever um pouco de poesia. Só que, se a sra. Seton e outra igual a ela tivessem entrado no mundo dos negócios aos 15 anos de idade, não teria havido — e esse era o ponto fraco da argumentação — Mary alguma. O que, perguntei eu, achava Mary disso? Ali entre as cortinas estava a noite de outubro, calma e adorável, com uma ou duas estrelas presas nas árvores amarelecentes. Estaria Mary pronta a renunciar ao seu quinhão e às suas lembranças (pois tinham sido uma família feliz, embora grande) de brincadeiras e discussões lá na Escócia, que ela não se cansa de elogiar pela pureza do ar e pela qualidade dos bolos, para que Fernham pudesse ter sido favorecida com uma doação de umas cinquenta mil libras de uma penada só? Pois fazer doações para uma faculdade exigiria a completa eliminação de famílias. Fazer fortuna e ter treze filhos... nenhum ser humano suportaria isso. Examinemos os fatos, dissemos. Primeiro, são os nove meses antes de o bebê nascer. Então o bebê nasce. Há então três ou quatro meses gastos na amamentação do bebê. Depois que o bebê é amamentado, há sem dúvida uns cinco anos gastos em brincadeiras com o bebê. Ao que parece, não se pode deixar as crianças soltas pelas ruas. Os que as viram crescer desregradamente na Rússia dizem que a visão não é agradável. Dizem também que a natureza humana assume sua forma entre um e cinco anos de idade. Se a sra. Seton, disse eu, tivesse estado ganhando dinheiro, que tipo de recordações você teria tido de brincadeiras e brigas? O que teria sabido da Escócia, de seu ar puro e dos bolos e tudo mais? Mas é inútil fazer essas perguntas, porque você nunca teria existido. Além disso, é igualmente inútil perguntar o que teria acontecido se a sra. Seton e sua mãe, e a mãe de sua mãe, tivessem acumulado uma grande riqueza e a tivessem depositado aos cuidados das fundações da faculdade e da biblioteca, porque, em primeiro lugar, lhes era impossível ganhar dinheiro e, em segundo, se tivesse sido possível, a lei lhes negava o direito de possuírem qualquer dinheiro ganho. Só nos últimos 48 anos é que a sra. Seton pôde ter algum centavo de seu. Em todos os séculos antes disso, o dinheiro teria sido propriedade do marido — um pensamento que talvez tenha contribuído para manter a sra. Seton e sua mãe fora da Bolsa de Valores. Cada centavo que eu ganhe, teriam dito elas, será retirado de mim e empregado de acordo com o critério de meu marido... talvez para custear uma bolsa de estudos ou doar fundos para uma *fellowship* em Balliol ou Kings, de modo que ganhar dinheiro, mesmo que eu pudesse ganhar dinheiro, não é um assunto de grande interesse para mim. Melhor deixar isso para o meu marido.

De qualquer modo, quer a responsabilidade coubesse ou não à senhora idosa que olhava para o *spaniel*, não restava dúvida de que por uma ou outra razão, nossas mães tinham falhado muito gravemente na administração de seus negócios. Nem um centavo podia ser desperdiçado em "amenidades": em perdizes e vinho, bedéis e turfe, livros e charutos, bibliotecas e lazer. Erguer paredes nuas da terra nua foi o máximo que elas puderam fazer.

Assim, conversávamos de pé, à janela, e olhando, como tantos milhares olham todas as noites, para as cúpulas e torres da famosa cidade abaixo de nós. Era muito bela, muito misteriosa ao luar de outono. As antigas pedras pareciam muito alvas e veneráveis. Pensava-se em todos os livros reunidos ali embaixo; nos quadros de velhos prelados e sumidades pendurados nos salões forrados de lambris; nas janelas pintadas que desenhariam estranhos globos e meias-luas na calçada; nas placas comemorativas e monumentos e inscrições; nas fontes e na relva; nos quartos tranquilos que se abriam para os pátios tranquilos. E (perdoem-me o pensamento) pensei, também, no fumo e na bebida admiráveis, e nas poltronas aconchegantes, e nos tapetes agradáveis: na polidez, na afabilidade e na dignidade que são fruto do luxo, da privacidade e do espaço. Certamente nossas mães não nos haviam provido de nada comparável a tudo isso — nossas mães que tiveram dificuldade em juntar trinta mil libras, nossas mães que tiveram 13 filhos de pastores religiosos em St. Andrews.

Assim, regressei à minha hospedaria e, enquanto percorria as ruas escuras, fiquei pensando nisto e naquilo, como se faz ao final de um dia de trabalho. Fiquei pensando por que foi que a sra. Seton não teve dinheiro algum para nos deixar; e que efeito exerce a pobreza na mente; e que efeito exerce a riqueza na mente; e pensei nos curiosos cavalheiros de idade que vira essa manhã com tufos de pele nos ombros; e lembrei-me de como, se alguém assobiasse, um deles corria; e pensei no órgão ressoando na capela e nas portas fechadas da biblioteca; e pensei em como é desagradável ser trancada do lado de fora; e pensei em como talvez seja pior ser trancada do lado de dentro; e, pensando na segurança e na prosperidade de um sexo e na pobreza e insegurança do outro, e no efeito da tradição e na falta de tradição na mente de um escritor, pensei finalmente que era hora de recolher a carcaça amarfanhada do dia, com suas discussões e suas impressões e sua raiva e seu riso, e atirá-la num canto. Milhares de estrelas cintilavam nos ermos azuis do céu. Parecia que se estava a sós com uma companhia inescrutável. Todos os seres humanos, adormecidos — deitados, horizontais, mudos. Ninguém parecia se mover nas ruas de Oxbridge. Até a porta do hotel escancarou-se ao toque de uma mão invisível — nem um servente acordado para iluminar-me o caminho até a cama, tão tarde era.

Capítulo II

O cenário, se posso pedir-lhes que me acompanhem, estava agora mudado. As folhas ainda caíam, mas agora em Londres, não em Oxbridge; e devo pedir-lhes que imaginem um quarto, como muitos milhares, com uma janela abrindo-se por sobre chapéus e caminhões e automóveis para outras janelas, e na mesa do interior do quarto uma folha de papel em branco com a inscrição, em maiúsculas, AS MULHERES E A FICÇÃO, porém nada mais. A consequência inevitável de almoçar e jantar em Oxbridge parecia ser, infelizmente, uma visita ao Museu Britânico. A gente tem de fazer o maior esforço para afastar o que de pessoal e fortuito havia em todas essas impressões e assim alcançar o fluido puro, o óleo essencial da verdade. Pois a visita a Oxbridge e o almoço e o jantar tinham dado início a um enxame de perguntas. Por que os homens bebiam vinho e as mulheres, água? Por que um sexo era tão próspero e o outro, tão pobre? Que efeito tinha a pobreza na ficção? Quais as condições necessárias para a criação de obras de arte? — mil perguntas insinuavam-se a um só tempo. Mas era preciso obter respostas, não perguntas; e uma resposta só poderia ser obtida consultando-se os doutos e os imparciais que se haviam colocado acima das contendas verbais e confusões do corpo e emitido o resultado de seu raciocínio e de suas pesquisas em livros que podem ser encontrados no Museu Britânico. Se a verdade não puder ser encontrada nas prateleiras do Museu Britânico, onde, perguntei a mim mesma, apanhando lápis e caderno de notas, estará a verdade?

Assim preparada, assim confiante e inquisitiva, parti em busca da verdade. O dia, apesar de não exatamente chuvoso, estava sombrio e as ruas nas imediações do museu estavam repletas de pequenos depósitos de carvão onde se despejavam sacas em profusão; carros de aluguel sobre quatro rodas estacionavam e depositavam na calçada caixotes atados com cordas que deveriam conter todo o guarda-roupa de alguma família suíça ou italiana em busca de fortuna refúgio ou algum outro conforto desejável de ser encontrado na pensões de Bloomsbury no inverno. Os costumeiros homens de voz rouca circulavam pelas ruas com plantas em carrinhos de mão. Alguns gritavam; outros cantavam. Londres era como uma oficina. Londres era como uma máquina. Todos estávamos sendo atirados de um lado para outro nessa verdadeira fundição para fazer algum molde. O Museu Britânico era outro departamento da fábrica. As portas de vaivém escancararam-se; e ali ficou a gente sob a vasta cúpula, como se fosse um pensamento na imensa cabeça calva tão esplendidamente circundada por uma faixa de nomes famosos. Foi-se até o balcão, pegou-se um pedaço de papel, abriu-se um volume do catálogo e..... Os cinco pontos aqui indicam cinco minutos distintos de estupefação, assombro e perplexidade. Vocês têm alguma noção de quantos livros são escritos sobre as mulheres em um ano? Têm alguma noção de quantos são escritos por homens? Estão cientes de serem, talvez, o animal mais discutido do universo? Para lá eu fora, com um caderno de notas e um lápis, na intenção de passar a manhã lendo, imaginando que ao final da manhã teria transferido a verdade para meu caderno. Mas era preciso que eu fosse uma manada de elefantes, pensei, e uma multidão de aranhas, referindo-me desesperadamente aos animais com fama de serem os mais longevos e mais dotados de visão múltipla, para enfrentar tudo aquilo. Precisaria ter garras de aço e bico de bronze até para penetrar a casca. Como chegarei a encontrar as sementes de verdade enterradas em toda esta massa de papel?, perguntei a mim mesma, e em desespero comecei a percorrer com os olhos a longa lista de títulos. Até os títulos dos livros davam-me alimento para o pensamento. O sexo e sua natureza bem poderiam atrair médicos e biólogos; mas o surpreendente e de difícil explicação era o fato de que o sexo — quer dizer, a mulher — atrai também ensaístas agradáveis, romancistas desonestos, rapazes com diploma de licenciatura em letras; homens sem diploma algum; homens sem qualificação aparente, salvo o fato de não serem mulheres. Alguns desses livros eram, a julgar pela aparência, frívolos e jocosos; mas muitos, por outro lado, eram sérios e proféticos, moralistas e exortatórios. A mera leitura dos títulos sugeria inumeráveis diretores de escolas, inumeráveis clérigos subindo em suas tribunas e púlpitos e arengando com uma loquacidade que em muito ultrapassava o tempo habitualmente concedido a tal discurso sobre este determinado assunto. Era um fenômeno extremamente estranho, e, aparentemente — neste ponto, consultei a letra M — um fenômeno restrito ao sexo masculino. As mulheres não escrevem livros sobre os homens — um fato que não pude deixar de acolher com alívio, pois, se tivesse que ler primeiro tudo o que os homens escreveram sobre as mulheres e, depois, tudo o que as mulheres escreveram sobre os homens, o aloés que floresce uma vez a cada cem anos floresceria duas vezes antes que eu pusesse a pena no papel. Assim, fazendo uma escolha perfeitamente arbitrária de uns 12 volumes, depositei minhas tiras de papel na bandeja de arame e aguardei em minha cabine, entre os outros que buscavam o óleo essencial da verdade.

Mas qual seria a razão dessa curiosa disparidade, indaguei-me desenhando rodas de carroça nas tiras de papel fornecidas pelo contribuinte britânico para outras finalidades. Por que são as mulheres a julgar por esse catálogo, tão mais interessantes para os homens que os homens para as mulheres? Parecia um fato muito curioso e minha mente pôs-se a vagar para retratar a vida dos homens que passam o tempo escrevendo livros sobre mulheres; se seriam velhos ou moços, casados ou solteiros, de nariz vermelho ou corcundas — de qualquer modo, era vagamente envaidecedor sentir-se alvo de tanta atenção, desde que ela não fosse inteiramente conferida pelos mutilados e enfermos —, de modo que fui ponderando, até que todos esses frívolos pensamentos se encerraram com uma avalanche de livros a deslizarem até a escrivaninha diante de mim. Imediatamente começaram os problemas. Um estudante treinado em pesquisa em Oxbridge terá, sem dúvida, algum método para orientar sua indagação vencendo todas as perplexidades até alcançar a resposta, tal como a ovelha alcança o seu aprisco. O estudante a meu lado, por exemplo, que copiava diligentemente um manual científico, estava, eu tinha certeza, extraindo puras pepitas do minério essencial a cada dez minutos mais ou menos. Seus ligeiros grunhidos de satisfação indicavam isso. Mas se, infelizmente, não se recebeu treinamento algum numa universidade, a pergunta, longe de alcançar seu aprisco, foge como um rebanho assustado para cá e para lá, atabalhoadamente, acossada por toda uma matilha de cães de caça. Lentes, professores, sociólogos, clérigos, romancistas, ensaístas, jornalistas, homens sem nenhuma qualificação, salvo o fato de não serem mulheres, perseguiam minha única e simples pergunta — Por que as mulheres são pobres? — até que ela se converteu em cinquenta perguntas; até que as cinquenta perguntas saltaram desvairadamente em meio à correnteza e foram arrastadas para longe. Cada página de meu caderno estava inteiramente rabiscada de anotações. Para mostrar-lhes o estado mental em que me achava, lerei algumas delas para vocês, explicando que a página tinha por título simplesmente AS MULHERES E A POBREZA, em letras de imprensa; mas o que vinha a seguir era algo mais ou menos assim:

Situação das, na Idade Média,
Hábitos das, nas Ilhas Fiji,
Adoradas como deusas por,
Mais fracas do que, no sentido moral,
Idealismo das,
Maior consciência das,
Ilhéus dos Mares do Sul, idade da puberdade entre,
Atratividade das,
Oferecidas em sacrifício a,
Pequeno volume cerebral das,
Subconsciência mais profunda das,
Menos pelos no corpo das,
Inferioridade mental, moral e física das,
Amor aos filhos nas,
Maior longevidade das,

Musculatura mais fraca das,
Resistência às afecções das,
Intensidade dos afetos das,
Vaidade das,
Educação superior das,
Opinião de Shakespeare sobre,
Opinião de Lord Birkenhead sobre,
Opinião do deão Inge sobre,
Opinião de La Bruyère sobre,
Opinião do dr. Johnson sobre,
Opinião do sr. Oscar Browning sobre,

Nesse ponto, respirei fundo e, de fato, acrescentei à margem: Por que Samuel Butler afirma que "Os homens sábios nunca dizem o que pensam das mulheres"? Os homens sábios aparentemente nunca dizem outra coisa. Mas, prossegui, reclinando-me na cadeira e olhando para a vasta cúpula em que eu era um pensamento isolado, mas agora um tanto atormentado, o que há de muito lastimável é que os homens sábios nunca pensam a mesma coisa acerca das mulheres. Ouçamos Pope:

A maioria das mulheres não tem absolutamente caráter algum.

E La Bruyère:

Les femmes sont extrêmes; elles sont meilleures ou pires que les hommes* —

uma contradição direta, segundo os observadores agudos que lhe foram contemporâneos. São elas capazes ou incapazes de se instruírem? Napoleão as considerava incapazes. O dr. Johnson pensava

---

*As mulheres são extremadas; elas são melhores ou piores que os homens. (N.T.)

o oposto.* Elas têm ou não têm alma? Alguns selvagens afirmam que não. Outros, ao contrário, sustentam que as mulheres são semidivinas e adoram-nas em função disso.** Alguns sábios asseguram que elas são mais vazias de cabeça; outros, que têm uma consciência mais profunda. Goethe exaltou-as; Mussolini despreza-as. Para onde quer que se olhasse, os homens pensavam nas mulheres, e pensavam diferentemente. Era impossível, decidi, dar qualquer sentido àquilo tudo, espiando com inveja o leitor vizinho, que fazia os mais concisos resumos, frequentemente encabeçados por um A, um B ou um C, enquanto meu próprio caderno de notas tumultuava-se com os mais insubordinados rabiscos de anotações contraditórias. Era aflitivo, era desnorteador, era humilhante. A verdade escoara por entre meus dedos. Gota a gota, me havia escapado.

Não havia possibilidade de eu ir para casa, refleti, e acrescentar, como uma contribuição séria ao estudo de as mulheres e a ficção, que as mulheres têm menos pelos no corpo do que os homens, e que a idade da puberdade entre os ilhéus dos Mares do Sul é de nove anos — ou será noventa? —, até a grafia, em sua confusão, tornara-se indecifrável. Era desonroso não ter nada de mais pesado ou respeitável para mostrar depois de uma manhã inteira de trabalho. E, se não consegui captar a verdade sobre M. (como passara a chamá-la, a bem da concisão) no passado, por que me incomodar com M. no futuro? Parecia pura perda de tempo consultar todos aqueles cavalheiros que se especializam na mulher e no efeito dela sobre o que quer que possa ser — política, filhos, salários, moral —,

---

* "'Os homens sabem que as mulheres são um adversário superior a eles, e, assim, escolhem as mais fracas ou as mais ignorantes. Se não pensassem assim, nunca poderiam temer as mulheres que sabem tanto quanto eles próprios.' (...) Para fazer justiça ao sexo, considero apenas honesto admitir que, em conversa posterior, ele me disse ter sido sério no que falou." — BOSWELL, *The Journal of a Tour to the Hebrides*. (N.A.)

** "Os antigos germanos acreditavam haver algo sagrado nas mulheres e, por conseguinte, consultavam-nas como oráculos." — FRAZER, *The Golden Bough*. (N.A.)

por mais numerosos e doutos que sejam. Mais valeria deixar seus livros fechados.

Mas, enquanto ponderava, eu tinha estado inconscientemente traçando, em meu desânimo, em meu desespero, um quadro, no lugar em que, como meu vizinho, deveria estar escrevendo uma conclusão. Estivera desenhando um rosto, um corpo. Eram o rosto e o corpo do professor von X., empenhado em escrever sua obra monumental intitulada *A inferioridade mental, moral e física do sexo feminino*. Ele não era, em meu desenho, um homem atraente para as mulheres. Era de compleição pesada; tinha uma grande papada; para contrabalançar, olhos muito pequenos e rosto muito vermelho. Sua expressão sugeria que estava trabalhando sob alguma emoção que o fazia, enquanto escrevia, espetar a caneta no papel como se a matar algum inseto nocivo, mas, mesmo depois de tê-lo matado, isso não o satisfazia; precisava continuar a matá-lo; e ainda assim, persistia alguma causa para a raiva e a irritação. Seria sua esposa?, indaguei a mim mesma, examinando meu desenho. Estaria ela apaixonada por um oficial da cavalaria? Seria o oficial da cavalaria esbelto e elegante e coberto de astracã? Teria ele sido alvo, em seu berço, para adotar a teoria freudiana, do riso de alguma menina bonita? Pois até em seu berço, pensei, o professor não poderia ter sido uma criança atraente. Qualquer que fosse a razão, o professor ganhara uma aparência muito zangada e muito feia em meu esboço, enquanto escrevia seu grande livro sobre a inferioridade mental, moral e física das mulheres. Desenhar figuras é uma forma ociosa de concluir uma manhã de trabalho improfícuo. Entretanto, é em nosso ócio, nos nossos sonhos, que a verdade submersa às vezes vem à tona. Um exercício muito elementar de psicologia, que não deve ser honrado com o nome de psicanálise, mostrou-me, ao examinar meu caderno de notas, que o esboço do professor zangado fora feito com raiva. A raiva se apossara de meu lápis, enquanto eu sonhava. Mas o que estaria a raiva fazendo ali? Interesse, confusão, divertimento, tédio — todas essas emoções eu conseguia rastrear e nomear à medida que se sucederam por toda a manhã. Teria a raiva, a serpente escura, estado emboscada entre elas? Sim, dizia o esboço, tinha. Ele me remeteu evidentemente àquele livro, àquela frase que havia despertado o demônio: a afirmação do professor sobre a inferioridade mental, moral e física das mulheres. Meu coração tinha dado um salto. Minhas faces inflamaram-se. Eu enrubescera de raiva. Por tolo que fosse, não havia nisso nada de especialmente notável. Não gostamos que nos digam que somos naturalmente inferiores a um homenzinho — olhei para o estudante a meu lado — que respira com dificuldade, usa uma gravata comprada pronta e não se barbeia há duas semanas. A gente tem certas vaidades tolas. É apenas a natureza humana, refleti, e comecei a rabiscar rodas de carroça e círculos sobre o rosto do professor enraivecido até ele se parecer com uma moita queimando ou um cometa flamejante — de qualquer modo, uma aparição sem aspecto ou significação humanos. O professor, agora, não era mais que um feixe de madeira ardendo no topo de Hampstead Heath. Logo minha própria raiva foi explicada e desfeita, mas restou a curiosidade. Como explicar a raiva dos catedráticos? Por que estariam zangados? Sim, pois, quando se tratava de analisar a impressão deixada por esses livros, havia sempre um elemento de calor. Esse calor assumia muitas formas; mostrava-se na sátira, no sentimento, na curiosidade, na reprovação. Mas havia um outro elemento muitas vezes presente e que não podia ser imediatamente identificado. Raiva, denominei-o. Mas era uma raiva que se tornara secreta e se misturara com todo tipo de outras emoções. A julgar por seus efeitos singulares, era uma raiva disfarçada e complexa, não raiva simples e franca.

Qualquer que seja a razão, todos esses livros, pensei, inspecionando a pilha sobre a escrivaninha, são imprestáveis para meus fins. Quer dizer, eram imprestáveis cientificamente, embora, em termos humanos, estivessem repletos de ensinamentos, interesse, tédio e fatos muito curiosos sobre os hábitos dos ilhéus de Fiji. Tinham sido escritos à rubra luz da emoção, e não à branca luz da verdade. Portanto, deviam ser devolvidos à mesa central e repostos cada qual em seu próprio alvéolo do imenso favo de mel. Tudo o que eu havia recuperado do trabalho daquela manhã fora o dado sobre a raiva. Os professores — assim eu os tinha agrupado — estavam enraivecidos. Mas por quê?, perguntei de mim para mim depois de devolver os livros, por quê?, repeti, de pé sob a colunata, entre os pombos e as canoas pré-históricas, por que estariam zangados? E formulando para mim mesma essa pergunta, fui-me afastando à procura de um local onde almoçar. Qual é a natureza real do que por ora, chamo de raiva deles?, indaguei. Aí estava um quebra-cabeça que demoraria todo o tempo gasto para a gente ser servida num pequeno restaurante das proximidades do Museu Britânico. Algum freguês anterior tinha deixado a edição do meio-dia do jornal vespertino sobre uma cadeira e, enquanto esperava ser atendida, comecei displicentemente a ler as manchetes. Uma manchete de tipos muito grandes atravessava a página. Alguém lavrara um grande tento na África do Sul. Manchetes menores anunciavam que Sir Auster Chamberlain estava em Genebra. Um cutelo com fios de cabelo humano fora encontrado num porão. O sr. Juiz... tecera comentário no Tribunal de Divórcios sobre o Descaramento das Mulheres. Espalhadas por todo o jornal vinham outras notícias. Uma atriz de cinema fora lançada de um pico na Califórnia e deixada suspensa no ar. O tempo ia ficar nublado. O mais transitório dos visitantes deste planeta, pensei, que apanhasse esse jornal, não poderia deixar de aperceber-se, mesmo a partir desse testemunho disperso, de que a Inglaterra está sob o domínio de um patriarcado. Ninguém de posse de suas faculdades poderia deixar de detectar a dominação do professor. Dele eram o poder, o dinheiro e a influência. Era ele o proprietário do jornal e seu redator e redator-assistente. Ele era o ministro do Exterior e o juiz. Era o jogador de críquete, era o proprietário dos cavalos de corrida e dos iates. Era o diretor da empresa que paga duzentos por cento a seus acionistas. Deixava milhões para instituições de caridade e universidades que ele mesmo dirigia. Ele suspendia a atriz de cinema no ar. Ele irá determinar se os fios de cabelo no cutelo são humanos; é ele quem irá absolver ou condenar o assassino, e enforcá-lo ou dar-lhe a liberdade. Com exceção da neblina, ele parecia controlar tudo. E mesmo assim, estava com raiva. Eu sabia que ele estava com raiva devido a esse sinal. Quando li o que ele escreveu sobre as mulheres, pensei não no que ele dizia, mas nele mesmo. Quando um argumentador argumenta desapaixonadamente, pensa apenas na argumentação; e o leitor não consegue deixar de pensar também no argumento. Se ele tivesse escrito imparcialmente sobre as mulheres, se tivesse usado provas inquestionáveis para estabelecer sua argumentação e não tivesse demonstrado sinal algum de desejar que o resultado fosse uma coisa e não outra, não se teria ficado com raiva também. Ter-se-ia aceito o fato, como se aceita o fato de que a ervilha é verde e o canário, amarelo. Pois que seja assim, eu teria dito. Mas eu ficara com raiva porque ele estava com raiva. E, no entanto, parecia absurdo, pensei, virando as páginas do jornal vespertino, que um homem com todo esse poder ficasse enraivecido. Ou será que a raiva, indaguei-me, é de algum modo o duende familiar que acompanha o poder? Os ricos, por exemplo, estão sempre zangados por suspeitarem que os pobres querem apoderar-se de sua riqueza. Os professores ou patriarcas, como talvez fosse mais exato chamá-los, talvez estivessem zangados em parte por essa razão, mas em parte por outra situada de modo um pouco menos óbvio na superfície. Possivelmente, não estivessem em absoluto "com raiva"; de fato, muitas vezes, fossem enaltecedores, dedicados e exemplares nas relações da vida privada. Possivelmente, quando o professor insistia um tanto enfaticamente demais na inferioridade das mulheres, não estava preocupado com a inferioridade delas, mas com sua própria superioridade. Era isso que ele estava protegendo de modo um tanto exaltado e com excessiva ênfase, pois era para ele uma joia do mais raro valor. A vida, para ambos os sexos — e olhei para eles a abrirem caminho, às cotoveladas, pela calçada —, é árdua, difícil, uma luta perpétua. Ela exige coragem e força gigantescas. Mais que tudo, talvez, sendo, como somos, criaturas da ilusão, ela exige autoconfiança. Sem a autoconfiança, somos como bebês no berço. E como podemos gerar essa qualidade imponderável, e apesar disso tão inestimável, da maneira mais rápida? Pensando que as outras pessoas são inferiores a nós mesmos. Sentindo que temos alguma superioridade inata — pode ser riqueza ou posição social, um nariz afilado ou o retrato de um avô pintado por Romney —, pois não há limite para os patéticos recursos da imaginação humana... sobre as outras pessoas. Daí a enorme importância para um patriarca que tem que conquistar, que tem que dominar, de sentir que um grande número de pessoas, a rigor, metade da raça humana, lhe é por natureza inferior. De fato, essa deve ser uma das principais fontes de seu poder. Mas deixem-me voltar o foco dessa observação para a vida real, pensei. Será que ela ajuda a explicar alguns daqueles quebra-cabeças psicológicos que se observam à margem da vida cotidiana? Será que explica meu assombro do outro dia, quando Z um sujeito extremamente humano, o mais despretensioso dos homens, pegando um livro de Rebecca West e lendo-lhe um trecho exclamou: "Essa rematada feminista! Ela diz que os homens são esnobes!" A exclamação, para mim tão surpreendente — pois por que seria a srta. West uma rematada feminista, por fazer uma afirmação possivelmente verdadeira, se bem que pouco elogiosa, sobre o sexo oposto? —, não era simplesmente o brado da vaidade ferida era um protesto contra alguma violação de seu poder de acreditar em si mesmo. Em todos esses séculos, as mulheres têm servido de espelhos dotados do mágico e delicioso poder de refletir a figura do homem com o dobro de seu amanho natural. Sem esse poder, a Terra provavelmente ainda seria pântano e selva. As glórias de todas as nossas guerras seriam desconhecidas. Estaríamos ainda rabiscando os contornos de cervos em restos de ossos de carneiro e permutando lascas de sílex por peles de carneiro ou outro qualquer ornamento singelo que agradasse a nosso gosto não sofisticado. Super-Homens e Dedos do Destino jamais teriam existido. O czar e o kaiser nunca teriam portado ou perdido coroas. Qualquer que seja seu emprego nas sociedades civilizadas, os espelhos são essenciais a toda ação violenta e heroica. Eis por que tanto Napoleão quanto Mussolini insistem tão enfaticamente na inferioridade das mulheres, pois, não fossem elas inferiores, eles deixariam de engrandecer-se. Isso serve para explicar, em parte, a indispensável necessidade que as mulheres tão frequentemente representam para os homens. E serve para explicar o quanto se inquietam ante a crítica que elas lhes fazem, o quanto impossível é para a mulher dizer-lhes que este livro é ruim, este quadro é fraco, ou seja lá o que for, sem magoar muito mais e despertar muito mais raiva do que um homem formulando a mesma crítica. É que, quando ela começa a falar a verdade, o vulto no espelho encolhe, sua aptidão para a vida diminui. Como pode ele continuar a proferir julgamentos, civilizar nativos, fazer leis, escrever livros, arrumar-se todo e deitar falação nos banquetes, se não puder se ver no café da manhã e ao jantar com pelo menos o dobro do seu tamanho real? Assim refleti eu, esfarelando o pão e mexendo o café e olhando vez por outra para as pessoas na rua. A visão no espelho é de suprema importância, pois insufla vitalidade, estimula o sistema nervoso. Retirem-na e o homem pode morrer, como o viciado em drogas privado de sua cocaína. Sob o feitiço dessa ilusão, pensei, olhando para fora da janela, metade das pessoas na calçada segue para o trabalho. Elas põem chapéus e casacos pela manhã sob sua agradável luminosidade. Começam o dia confiantes, revigoradas, acreditando-se desejadas no chá da sra. Smith; dizem a si mesmas, ao entrarem na sala: Sou superior à metade das pessoas aqui, e é assim que falam, com aquela autoconfiança e aquela autossegurança de tão profundas consequências na vida pública e que conduziram a atitudes tão curiosas à margem da própria vontade.

Mas essas contribuições para o perigoso e fascinante tema da psicologia do outro sexo — é um tema, espero, que vocês irão investigar quando dispuserem de suas próprias quinhentas libras anuais — foram interrompidas pela necessidade de pagar a conta. Ela totalizou cinco xelins e nove *pence*. Dei ao garçom uma nota de dez xelins e ele saiu para buscar o troco. Havia outra nota de dez xelins em minha bolsa; reparei nela ali, pois esse é um fato que ainda me tira o fôlego: o poder de minha bolsa de gerar automaticamente notas de dez xelins. Abro-a e ali estão elas. A sociedade me dá galinha e café, cama e pouso, em troca de um certo número de pedaços de papel que me foram deixados por uma tia, por nenhuma outra razão além da de eu partilhar seu nome.

Minha tia, Mary Beton, devo dizer-lhes, morreu de uma queda de cavalo, quando estava cavalgando para tomar ar em Bombaim. A notícia da herança me chegou certa noite quase simultaneamente com a aprovação do decreto que deu o voto às mulheres. A carta de um advogado caiu na caixa do correio e, quando a abri, descobri que ela me havia deixado por toda a vida quinhentas libras anuais. Dos dois — o voto e o dinheiro — o dinheiro, devo admitir, pareceu-me infinitamente mais importante. Antes disso, eu ganhara a vida mendigando trabalhos esporádicos nos jornais, fazendo reportagens sobre um espetáculo de burros aqui ou um casamento ali; ganhara algumas libras endereçando envelopes, lendo para senhoras idosas, fazendo flores artificiais, ensinando o alfabeto a crianças pequenas num jardim de infância. Tais eram as principais ocupações abertas às mulheres antes de 1918. Parece-me que não preciso descrever em detalhes a natureza árdua do trabalho, pois talvez vocês conheçam mulheres que o tenham feito; nem tampouco a dificuldade de viver com aquele dinheiro quando era ganho, pois é possível que vocês tenham tentado. Mas o que permanece ainda comigo como uma imposição pior do que essas duas é o veneno do medo e da amargura que aqueles dias geraram em mim. Para começar, estar sempre fazendo um trabalho que não se queria fazer e fazê-lo como uma escrava, lisonjeando e adulando, nem sempre necessariamente, talvez, mas parecia necessário e os interesses eram grandes demais para se correr riscos; e depois a ideia daquele dom único que era morte ocultar (um dom pequenino porém caro para sua possuidora), perecendo, e, com ele, o meu ego, a minha alma — tudo isso transformou-se praticamente em ferrugem corroendo a floração da primavera, destruindo a árvore em seu âmago. Contudo, como estava dizendo, minha tia morreu; e sempre que troco uma nota de dez xelins desaparece um pouco daquela ferrugem e a corrosão é raspada, vão-se medo e amargura. De fato, pensei, deixando a prata escorregar para dentro de minha bolsa, é impressionante recordando a amargura daqueles dias, a mudança de ânimo que uma renda fixa promove. Nenhuma força no mundo pode arrancar-me minhas quinhentas libras. Comida, casa e roupas são minhas para sempre. Assim, cessam não apenas o esforço e o trabalho árduo, mas também o ódio e a amargura. Não preciso odiar homem algum: ele não pode ferir-me. Não preciso bajular homem algum: ele nada tem a dar-me. Assim, imperceptivelmente, descobri-me adotando uma nova atitude em relação à outra metade da raça humana. Era absurdo responsabilizar qualquer classe ou qualquer sexo como um todo. As grandes massas de gente nunca são responsáveis pelo que fazem. São impelidas por instintos que não estão sob seu controle. Também eles — os patriarcas, os professores — tiveram dificuldades infindáveis, terríveis obstáculos contra o que lutar. Sua educação, em alguns aspectos, fora tão falha quanto a minha própria. Gerara neles falhas igualmente grandes. Sim, é verdade, eles tinham dinheiro e poder, mas somente ao preço de abrigarem no peito uma águia, um abutre, eternamente a arrancar-lhes o fígado e bicar-lhes os pulmões — o instinto de posse, o furor de aquisição que os impede perpetuamente a desejarem as propriedades e os bens alheios; a fazerem fronteiras e bandeiras, navios de guerra e gás venenoso; a oferecerem suas próprias vidas e as vidas de seus filhos. Passem pelo Arco do Almirantado (eu havia alcançado esse monumento), ou por qualquer outra avenida dedicada aos troféus e ao canhão, e reflitam sobre o tipo de glória ali celebrada. Ou observem, ao sol da primavera, o corretor de ações e o grande advogado encerrando-se em ambientes fechados para ganharem mais e mais e mais dinheiro, quando é fato que quinhentas libras anuais mantêm um sujeito vivo sob o sol. São instintos desagradáveis de abrigar, refleti. São fruto das condições de vida, da falta de civilização, pensei eu, olhando para a estátua do Duque de Cambridge e, em particular, para as plumas de seu tricorne, com uma fixidez que elas dificilmente terão recebido antes. E, ao reconhecer tais obstáculos, medo e amargura converteram-se gradativamente em piedade e tolerância; e depois, passados um ou dois anos, a piedade e a tolerância se foram, e chegou a maior de todas as liberações, que é a liberdade de pensar nas coisas em si. Aquele prédio, por exemplo, gosto dele ou não? E aquele quadro, é belo ou não? Será esse, em minha opinião, um bom ou um mau livro? Com efeito, o legado de minha tia desvendou o céu para mim e substituiu a grande e imponente figura de um cavaleiro, que Milton recomendava para minha perpétua adoração, por uma visão do céu aberto.

Assim pensando, assim especulando, achei meu caminho de volta a minha casa junto ao rio. Estavam se acendendo as luzes e uma mudança indescritível descera sobre Londres desde a hora matinal. Era como se a grande máquina, após trabalhar o dia inteiro, houvesse tecido com nossa ajuda alguns metros de algo muito excitante e belo — uma trama incandescente reluzindo com olhos vermelhos, um monstro castanho-amarelado rugindo com seu hálito quente. Até o vento parecia desfraldado como uma bandeira ao açoitar as casas e sacudir ruidosamente os tapumes.

Em minha ruazinha, porém, predominava a domesticidade. O pintor de casas estava arriando sua escada; a babá entrava e saía cuidadosamente com o carrinho de bebê de volta ao chá no berçário; o carregador de carvão dobrava os sacos vazios, empilhando uns sobre os outros; a mulher que dirige a quitanda somava a féria do dia com as mãos enfiadas em luvas vermelhas. Mas tão absorta estava eu no problema que vocês depositaram em meus ombros que não pude olhar sequer para essas visões habituais sem associá-las a um ponto de convergência. Pensei o quanto é agora mais difícil do que deve ter sido mesmo há um século dizer qual dessas ocupações é a mais elevada, a mais necessária. É melhor ser carregador de carvão ou uma babá? Terá a faxineira que criou oito filhos menos valor para o mundo que o advogado que ganhou cem mil libras? É inútil fazer tais perguntas, pois ninguém pode respondê-las. Não só os valores relativos das faxineiras e dos advogados elevam-se e caem de década para década, mas também não temos instrumentos com que medi-los sequer como estão no momento. Tinha sido tolice minha pedir a meu professor que me fornecesse "provas irrefutáveis" disso ou daquilo em sua discussão sobre as mulheres. Mesmo que fosse possível afirmar o valor de um dom qualquer num dado momento, esses valores se modificam; em um século, eles se terão, com toda a probabilidade, modificado por completo. Além disso, dentro de cem anos, pensei, alcançando minha própria porta de entrada, as mulheres terão deixado de ser o sexo protegido. Logicamente, participarão de todas as atividades e esforços que no passado lhes foram negados. A babá carregará carvão. A dona da loja dirigirá uma locomotiva. Todas as suposições fundamentadas nos fatos observados quando as mulheres eram o sexo protegido terão desaparecido — como, por exemplo (nesse ponto, um pelotão de soldados desceu a rua marchando), a de que mulheres e padres e jardineiros vivem mais do que as outras pessoas. Retirem-se-lhes essa proteção, exponham-nas aos mesmos esforços e atividades, façam-nas soldados e marinheiros e maquinistas e estivadores, e as mulheres não morrerão tão mais jovens — e tão mais depressa — que os homens ao ponto de que as pessoas dirão "Hoje vi uma mulher", da mesma forma que se dizia "Hoje vi um avião". Tudo pode acontecer quando a feminilidade tiver deixado de ser uma ocupação protegida, pensei ao abrir a porta. Mas que relação tem tudo isso com o tema de meu artigo, "As mulheres e a ficção"? Foi o que me perguntei ao entrar em casa.

Capítulo III

Foi decepcionante não ter trazido para casa à noite alguma afirmação importante, algum fato autêntico. As mulheres são mais pobres do que os homens por causa… disto ou daquilo. Talvez agora melhor fosse desistir de procurar a verdade e receber na cabeça uma avalanche de opiniões quentes como lava e descoradas como a água da lavagem da louça. Melhor seria cerrar as cortinas, deixar as distrações do lado de fora, acender o abajur, abreviar a pesquisa e pedir ao historiador, que registra não opiniões, mas fatos, para descrever sob que condições viviam as mulheres, não em todas as épocas, mas na Inglaterra, digamos, na época de Elizabeth.

Pois é um enigma perene a razão por que nenhuma mulher escreveu uma só palavra daquela extraordinária literatura, quando um em cada dois homens, parece, era dotado para a canção ou o soneto. Quais eram as condições em que viviam as mulheres, perguntei-me; pois a ficção, trabalho imaginativo que é, não cai como um seixo no chão, como talvez ocorra com a ciência; a ficção é como uma teia de aranha, muito levemente presa, talvez, mas ainda assim presa à vida pelos quatro cantos. Muitas vezes a ligação mal é perceptível; as peças de Shakespeare, por exemplo, parecem sustentar-se ali, completas, por si mesmas. Mas quando a teia é puxada para o lado, recurvada na borda, rasgada no meio, a gente lembra que essas teias não foram tecidas em pleno ar por criaturas incorpóreas, mas são obra de seres humanos sofredores e estão ligadas a coisas flagrantemente materiais, como a saúde e o dinheiro e as casas em que moramos.

Assim, fui até a prateleira onde estão as histórias e apanhei uma das mais recentes: a *História da Inglaterra*, do professor Trevelyan. Mais uma vez, procurei "Mulheres", encontrei "posição das", e fui às páginas indicadas. "Surrar a esposa", li, "era um direito legítimo do homem, e era praticado sem nenhuma vergonha tanto nas classes altas como nas baixas... Da mesma forma", prossegue o historiador, "a filha que se recusasse a desposar o cavalheiro da escolha de seus pais estava sujeita a ser trancafiada, surrada e atirada pelo quarto, sem que qualquer abalo causasse na opinião pública. O casamento não era uma questão de afeição pessoal, mas, sim, de avareza da família, particularmente nas 'nobres' classes superiores... O noivado frequentemente ocorria quando uma ou ambas as partes estavam no berço, e o casamento seguia-se mal saíam dos cuidados da babá". Isso era por volta de 1470, pouco depois da época de Chaucer. A referência seguinte à posição das mulheres data de uns duzentos anos depois, na época dos Stuarts. "Ainda era exceção para as mulheres das classes alta e média escolherem os próprios maridos, e, uma vez designado o marido, ele era amo e senhor, ao menos tanto quanto a lei e os costumes podiam torná-lo. Apesar disso", conclui o professor Trevelyan, "nem as mulheres de Shakespeare, nem as das memórias autênticas do século XVII, como as Verneys e as Hutchinsons, parecem carentes de personalidade e caráter". Sem dúvida, se examinarmos os fatos, Cleópatra deve ter tido lá um jeito todo seu; Lady Macbeth, poderíamos supor, tinha vontade própria; e Rosalinda, pode-se concluir, era uma jovem atraente. O professor Trevelyan só está dizendo a verdade quando observa que as mulheres de Shakespeare não parecem carentes de personalidade e caráter. Não sendo historiadores, podemos até ir mais longe e dizer que as mulheres brilharam como fachos luminosos em todas as obras de todos os poetas desde o início dos tempos — Clitemnestra, Antígona, Cleópatra, Lady Macbeth, Fedra, Créssida, Rosalinda, Desdêmona e a Duquesa de Malfi, entre os dramaturgos; entre os prosadores, Millamant, Clarissa, Becky Sharp, Ana Karenina, Emma Bovary, Madame de Guermantes — os nomes afluem à mente em bandos, nem lembram mulheres "carentes de personalidade e caráter". De fato, se a mulher só existisse na ficção escrita pelos homens, poder-se-ia imaginá-la como uma pessoa da maior importância: muito versátil; heroica e mesquinha; admirável e sórdida; infinitamente bela e medonha ao extremo; tão grande quanto o homem e até maior, para alguns.* Mas isso é a mulher na ficção.

---

* "Continua a ser um fato estranho e quase inexplicável que na cidade de Atenas, onde as mulheres eram mantidas sob uma repressão quase oriental, como odaliscas ou escravas, o palco ainda assim tenha produzido figuras como Clitemnestra e Cassandra, Atossa e Antígona, Fedra e Medeia, e todas as outras heroínas que dominam peça após peça do 'misógino' Eurípides. Mas o paradoxo desse mundo em que, na vida real, uma mulher respeitável mal podia exibir o rosto sozinha nas ruas, e, no entanto, no palco, a mulher se igualava ao homem ou o sobrepujava, nunca foi satisfatoriamente explicado. Na tragédia moderna existe a mesma predominância. De qualquer modo, um levantamento muito superficial da obra de Shakespeare (o mesmo acontecendo com Webster, embora não com Marlowe ou Jonson) é suficiente para revelar como esse predomínio, essa iniciativa das mulheres, persiste de Rosalinda a Lady Macbeth. O mesmo com Racine: seis de suas tragédias trazem o nome de suas heroínas; mas quais de seus personagens masculinos poderemos comparar com Hermione e Andrômaca, Berenice e Roxana, Fedra e Athalie? E também com Ibsen: que homens haveremos de equiparar a Solveig e Nora, Heda e Hilda Wangel e Rebecca West?" — F. L. LUCAS, *Tragedy*, pp. 114-15. (N.A.)

Na realidade, como assinala o professor Trevelyan, ela era trancafiada, surrada e atirada pelo quarto.

Um ser muito estranho, complexo, emerge então. Na imaginação, ela é da mais alta importância; em termos práticos, é completamente insignificante. Ela atravessa a poesia de uma ponta à outra; por pouco está ausente da história. Ela domina a vida de reis e conquistadores na ficção; na vida real, era escrava de qualquer rapazola cujos pais lhe enfiassem uma aliança no dedo. Algumas das mais inspiradas palavras, alguns dos mais profundos pensamentos saem-lhe dos lábios na literatura; na vida real, mal sabia ler, quase não conseguia soletrar e era propriedade do marido.

Era certamente um monstro ímpar que se criou lendo-se primeiro os historiadores e depois os poetas — um verme alado qual uma águia; o espírito da vida e da beleza picando sebo na cozinha. Mas esses monstros, por mais que deleitem a imaginação, não têm existência real. O que se precisaria fazer para trazê-la à vida seria pensar poeticamente e prosaicamente a um só instante, assim mantendo o contato com a realidade — que ela é a sra. Martin, de 36 anos, vestida de azul, usando um chapéu preto e sapatos marrons, mas sem tampouco perder de vista a ficção —, que ela é um vaso em que todos os tipos de essências e forças circulam e lampejam perpetuamente. No entanto, no instante em que se experimenta esse método com a mulher elisabetana, falta um ramo do esclarecimento: somos detidos pela escassez dos fatos. Nada se sabe de pormenorizado, nada de perfeitamente verdadeiro e substancial sobre ela. A história mal chega a mencioná-la. E voltei-me novamente para o professor Trevelyan a fim de ver o que a história significava para ele. Constatei, examinando os títulos de seus capítulos, que significava: "O Domínio Feudal e os Métodos da Agricultura de Afolhamento… Os Cistercienses e a Criação de Ovelhas… As Cruzadas… A Universidade… A Câmara dos Comuns… A Guerra dos Cem Anos… A Guerra das Rosas… Os Sábios do Renascimento… A Dissolução dos Mosteiros… Luta Agrária e Religiosa… A Origem do Poderio Marítimo Inglês… A Armada…" e assim por diante.

Ocasionalmente, faz-se menção a uma mulher em particular, uma Elizabeth ou Mary, uma rainha ou grande dama. Mas por nenhum meio viável poderiam as mulheres da classe média, sem o comando de nada além de inteligência e caráter, ter participado de qualquer dos grandes movimentos que, reunidos, constituem a visão de passado do historiador. Tampouco a encontramos em qualquer coletânea anedótica. Aubrey mal chega a mencioná-las. A mulher jamais escreve sua própria vida e raramente mantém um diário — existe apenas um punhado de suas cartas. Não deixou peças ou poemas pelos quais possamos julgá-la. O que se deseja, pensei — e por que alguma aluna brilhante de Newnham ou Girton não o fornece? —, é uma massa de informações: com que idade ela se casava; quantos filhos, via de regra, tinha; como era sua casa; se ela dispunha de um quarto próprio; se preparava a comida; seria provável que tivesse uma criada? Todos esses fatos estão em algum lugar, presumivelmente nos registros e livros contábeis paroquiais; a vida da mulher média elisabetana deve estar espalhada em algum lugar, se apenas alguém se dispuser a recolhê-la e dela fazer um livro. Uma ambição que ultrapassaria minha audácia, pensei, procurando pelas prateleiras os livros que não estavam ali, seria sugerir às alunas dessas famosas universidades que elas reescrevessem a história, embora deva admitir que, muitas vezes, ela parece um tanto estranha tal como é — irreal, tendenciosa; mas por que não poderiam elas acrescentar um suplemento à história, dando-lhe, é claro, algum nome não conspícuo, de modo que as mulheres pudessem ali figurar sem impropriedade? Pois frequentemente as percebemos de relance na vida dos grandes homens, despachadas logo para o segundo plano, ocultando, penso às vezes, um piscar de olhos, um riso, uma lágrima talvez. Afinal, temos um número suficiente de vidas de Jane Austen; mal parece necessário voltar a examinar a influência das tragédias de Joanna Baillie sobre a poesia de Edgar Allan Poe; no que me diz respeito, não me importaria se as residências e os lugares habitualmente frequentados por Mary Russell Mitford fossem fechados ao público por pelo menos um século. Mas o que acho deplorável, prossegui, percorrendo novamente com o olhar as prateleiras da estante, é que não se saiba nada sobre as mulheres antes do século XVIII. Não tenho em minha cabeça nenhum modelo para virar de um lado para outro. Eis-me aqui a perguntar por que as mulheres não escreviam poesia no período elisabetano, e nem tenho certeza de como eram educadas: se aprendiam a escrever; se tinham salas de estar próprias; quantas mulheres tiveram filhos antes dos 21 anos; o que, em suma, faziam elas das oito da manhã às oito da noite. Não tinham dinheiro, evidentemente; segundo o professor Trevelyan, eram casadas, quisessem ou não, antes de largarem as bonecas, muito provavelmente aos 15 ou 16 anos. Teria sido extremamente incomum, mesmo considerando apenas essa amostra, que de repente uma delas houvesse escrito as peças de Shakespeare, concluí, e pensei naquele cavalheiro idoso, já morto, mas bispo, acho eu, que declarou ser impossível a qualquer mulher, do passado, do presente ou por vir, ter a genialidade de Shakespeare. Ele escreveu aos jornais a respeito. Disse também, a uma dama que o consultou em busca de informações, que os gatos, na verdade, não vão para o céu, embora tenham, acrescentou, uma espécie de alma. Quantos pensamentos aqueles velhos cavalheiros costumavam poupar-nos! Como as fronteiras da ignorância recuavam à aproximação deles! Os gatos não vão para o céu. As mulheres não podem escrever as peças de Shakespeare.

Seja como for, não pude deixar de pensar, enquanto olhava as obras de Shakespeare na prateleira, que o bispo tinha razão pelo menos nisso: teria sido impossível, completa e inteiramente, a qualquer mulher ter escrito as peças de Shakespeare na época de Shakespeare. Permitam-me imaginar, já que é tão difícil descobrir fatos, o que teria acontecido se Shakespeare tivesse tido uma irmã maravilhosamente dotada, chamada, digamos, Judith. O próprio Shakespeare, muito provavelmente (sua mãe era herdeira), foi para a escola primária, onde deve ter aprendido latim — Ovídio, Virgílio e Horácio — e os fundamentos de gramática e lógica. Ele era, como é sabido, um menino rebelde que caçava coelhos, que talvez tenha atirado num cervo e que teve, bem antes do que deveria, de casar-se com uma mulher da vizinhança, que lhe deu um filho bem mais depressa do que era conveniente. Essa travessura o levou a tentar a sorte em Londres. Ele tinha, ao que parece, gosto pelo teatro; começou segurando cavalos à entrada do teatro. Logo conseguiu trabalho no teatro, tornou-se um ator de sucesso e viveu no centro do universo, encontrando todo o mundo, conhecendo todo o mundo, praticando sua arte nos tablados, exercitando seu espírito humorístico nas ruas e até ganhando acesso ao palácio da rainha. Enquanto isso, sua extraordinariamente dotada irmã, suponhamos, permanecia em casa. Era tão audaciosa, tão imaginativa, tão ansiosa por ver o mundo quanto ele. Mas não foi mandada à escola. Não teve oportunidade de aprender gramática e lógica, quanto menos ler Horácio e Virgílio. Pegava um livro de vez em quando, talvez um dos de seu irmão, e lia algumas páginas. Mas nessas ocasiões, os pais entravam e lhe diziam que fosse remendar as meias ou cuidar do guisado e que não andasse no mundo da lua com livros e papéis. Com certeza, falavam-lhe com firmeza, porém bondosamente, pois eram pessoas abastadas que conheciam as condições da vida para uma mulher e amavam a filha — a rigor, é bem mais provável que ela fosse a menina dos olhos do pai. Talvez ela rabiscasse algumas páginas às escondidas no depósito de maçãs no sótão, mas tinha o cuidado de ocultá-las ou atear-lhes fogo. Cedo, porém, antes de entrar na casa dos vinte anos, ela deveria ficar noiva do filho de um negociante de lãs da vizinhança. Reclamou como o casamento lhe era odioso, e por isso foi duramente surrada pelo pai. Depois, ele parou de repreendê-la. Implorou-lhe, em vez disso, que não o magoasse, não o envergonhasse nessa questão do casamento. Ele lhe daria um colar de pérolas ou uma linda anágua, disse, e havia lágrimas em seus olhos. Como poderia ela desobedecer-lhe? Como poderia partir-lhe o coração? Somente a força de seu próprio talento levou-a a fazê-lo: fez um pequeno pacote com seus pertences, deixou-se escorregar por uma corda numa noite de verão e tomou a estrada para Londres. Ainda não tinha 17 anos. Os pássaros que cantavam nas sebes não eram mais musicais do que ela. Judith tinha o mais vívido pendor, um dom como o de seu irmão, para a melodia das palavras. Como ele, tinha uma predileção pelo teatro. Ficou à entrada do teatro; queria representar, disse. Os homens riram-lhe na cara. O gerente — um homem gordo e falastrão — soltou uma gargalhada. Ele berrou alguma coisa sobre *poodles* dançando e mulheres representando — nenhuma mulher, disse ele, tinha qualquer possibilidade de ser atriz. E insinuou... vocês podem imaginar o quê. Ela não conseguiu obter nenhuma formação em seu ofício. Poderia sequer procurar jantar numa taberna ou perambular pelas ruas à meia-noite? Apesar disso, seu talento era para a ficção e desejava com ardor alimentar-se abundantemente das vidas dos homens e mulheres e do estudo de seus estilos. Finalmente — pois era muito jovem e tinha o rosto singularmente parecido com o do poeta Shakespeare, com os mesmos olhos cinzentos e sobrancelhas arqueadas —, finalmente, o empresário Nick Greene compadeceu-se dela. Judith viu-se grávida desse cavalheiro e então — quem pode medir o fogo e a violência do coração do poeta quando capturado e enredado num corpo de mulher? — matou-se numa noite de inverno, e está enterrada em alguma encruzilhada onde agora param os ônibus em frente a Elephant and Castle.

É mais ou menos assim que se daria a história, penso eu, se uma mulher na época de Shakespeare tivesse tido a genialidade de Shakespeare. De minha parte, porém, concordo com o falecido bispo se bispo ele era: nem pensar que qualquer mulher da época de Shakespeare tivesse o gênio de Shakespeare. Isso porque um gênio como o de Shakespeare não nasce entre pessoas trabalhadoras, sem instrução e humildes. Não nasceu na Inglaterra entre os saxões e os bretões. Não nasce hoje nas classes operárias. Como poderia então ter nascido entre mulheres, cujo trabalho começava, de acordo com o professor Trevelyan, quase antes de largarem as bonecas, que eram forçadas a ele por seus pais e presas a ele por todo o poder da lei e dos costumes? Não obstante, alguma espécie de talento deve ter existido entre as mulheres, como deve ter existido entre as classes operárias. Vez por outra, uma Emily Brontë, ou um Robert Burns explode numa chama e prova sua presença. Mas certamente esse talento nunca chegou ao papel. Quando, porém, lemos sobre uma feiticeira atirada às águas, sobre uma mulher possuída por demônios, sobre uma bruxa que vendia ervas, ou até sobre um homem muito notável que tinha mãe, então penso estarmos na trilha de uma romancista perdida, uma poetisa reprimida, de alguma Jane Austen muda e inglória, alguma Emily Brontë que fazia saltar os miolos no pantanal ou careteava pelas estradas, enlouquecida pela tortura que seu talento lhe impunha. De fato, eu me arriscaria a supor que Anônimo, que escreveu tantos poemas sem assiná-los, foi muitas vezes uma mulher. Foi uma mulher que Edward Fitzgerald, acho eu, sugeriu ter feito as baladas e as cantigas folclóricas, cantarolando-as para seus filhos, distraindo-se com elas na roda de fiar ou nas longas noites de inverno.

Isso talvez seja verdade, talvez não (quem pode afirmar?), mas o que existe aí de verdade, assim me pareceu, revendo a história da irmã de Shakespeare tal como a criei, é que qualquer mulher nascida com um grande talento no século XVI teria certamente enlouquecido, teria se matado com um tiro, ou terminado seus dias em algum chalé isolado, fora da cidade, meio bruxa, meio feiticeira, temida e ridicularizada. Pois não é preciso muito conhecimento de psicologia para se ter a certeza de que uma jovem altamente dotada que tentasse usar sua veia poética teria sido tão obstruída e contrariada pelos outros, tão torturada e dilacerada por seus próprios instintos conflitantes, que teria decerto perdido a saúde física e mental. Nenhuma jovem poderia ter caminhado até Londres e ficado de pé à porta de um teatro e forçado o caminho até a presença dos empresários sem violentar a si própria e sofrer uma angústia que talvez fosse irracional — pois a castidade pode ser um fetiche inventado por certas sociedades por motivos desconhecidos — mas que era, ainda assim, inevitável. A castidade tinha então — e tem ainda agora — importância religiosa na vida de uma mulher, e de tal modo enredou-se em nervos e instintos, que libertar-se dela e trazê-la à luz do dia exige coragem das mais raras. Levar uma vida livre na Londres do século XVI teria significado para uma mulher que fosse poetisa e dramaturga um colapso nervoso e um dilema que bem poderiam matá-la. Se sobrevivesse, o que quer que houvesse escrito teria sido distorcido e deformado, fruto de uma imaginação retorcida e mórbida. E sem dúvida, pensei, olhando a prateleira onde não há peças da autoria de mulheres, seu trabalho sairia sem assinatura. Esse refúgio ela, decerto, teria buscado. Foi o resquício do sentimento de castidade que ditou o anonimato às mulheres até mesmo já no século XIX. Currer Bell, George Eliot, George Sand, todas vítimas do conflito interno, como provam seus escritos, buscaram inutilmente esconder-se atrás de nomes de homem. Assim renderam homenagem à convenção — que, se não implantada pelo outro sexo, foi fartamente incentivada por ele (a glória maior da mulher é não ser falada, disse Péricles, ele próprio um homem muito falado) — de que a publicidade nas mulheres é detestável. O anonimato corre-lhes nas veias. O desejo de se ocultarem ainda as possui. Nem mesmo agora elas se interessam tanto pelo vigor da fama quanto os homens, e, falando em termos gerais, passarão por lápides ou postes sem sentir o desejo irresistível de neles gravar os respectivos nomes, como fazem *A*, *B* ou *C* em obediência a seu instinto, que murmura, se vê passar uma bela mulher, ou até mesmo um cão, *Ce chien est à moi*. E, é claro, talvez não seja um cão, pensei, lembrando-me da Praça do Parlamento, de Sieges Allee e de outras avenidas; pode ser uma faixa de terra ou um homem de negros cabelos crespos. Uma das grandes vantagens de ser mulher é que se pode tolerar até mesmo uma linda negra sem querer fazer dela uma inglesa.

A mulher, portanto, nascida com a veia poética no século XVI era uma mulher infeliz, uma mulher em conflito consigo mesma. Todas as condições de sua vida e todos os seus próprios instintos conflitavam com a disposição de ânimo necessária para libertar tudo o que há no cérebro. Mas qual o estado de espírito mais propício para o ato de criação?, perguntei. Pode-se chegar a alguma noção do estado que favorece e possibilita essa estranha atividade? Neste ponto, abri o volume que contém as Tragédias de Shakespeare. Qual era a disposição de ânimo de Shakespeare, por exemplo, quando escreveu o *Rei Lear* e *Antônio e Cleópatra*? Certamente era a mais favorável à poesia como jamais existiu. Mas o próprio Shakespeare nada disse sobre ele. Sabemos apenas de passagem e por acaso que ele "nunca apagou uma linha". Realmente nada foi jamais dito pelo próprio artista sobre sua disposição de ânimo talvez até o século XVIII. Talvez Rousseau tenha começado isso. De qualquer modo, perto do século XIX a consciência de si mesmo se desenvolvera a tal ponto que era um hábito dos homens de letras descreverem o que lhes passava pela mente em confissões e autobiografias. Também suas vidas foram escritas, e suas cartas foram publicadas após a morte deles. Assim, embora não saibamos pelo que Shakespeare passou quando escreveu *Rei Lear*, sabemos, decerto, pelo que Carlyle passou quando escreveu *Revolução Francesa*, pelo que Flaubert passou quando escreveu *Madame Bovary*, pelo que Keats estava passando quando tentou escrever poesia lutando contra a chegada da morte e a indiferença do mundo.

E depreende-se dessa imensa literatura moderna da confissão e autoanálise que escrever uma obra de gênio é quase sempre um feito de prodigiosa dificuldade. Tudo se opõe à probabilidade de que ela emerja da mente do escritor íntegra e completa. Em geral, as circunstâncias materiais opõem-se a isso. Os cachorros latem; as pessoas interrompem; o dinheiro tem que ser ganho; a saúde entra em colapso. Além disso, para acentuar todas essas dificuldades e torná-las mais difíceis de suportar, entra a notória indiferença do mundo. Ele não pede que as pessoas escrevam poemas e romances e contos; não precisa deles. Pouco lhe importa se Flaubert encontra a palavra certa ou Carlyle verifica escrupulosamente este ou aquele fato. Naturalmente, não irá pagar pelo que não quer. E assim, o escritor — Keats, Flaubert, Carlyle — sofre, especialmente nos anos criativos da juventude, toda sorte de perturbações e desestímulos. Uma imprecação, um grito de angústia eleva-se desses livros de análises e confissão. "Poderosos poetas em sua miséria mortos", esse o fardo de seu canto. Se algo sobrevive a despeito disso tudo, é um milagre, e provavelmente nenhum livro nasce íntegro e sem mutilações, tal como foi concebido.

Mas para as mulheres, pensei, olhando para as prateleiras vazias, essas dificuldades eram infinitamente mais descomunais. Em primeiro lugar, ter um quarto próprio — sem falar num quarto sossegado ou num quarto à prova de som — estava fora de questão, a menos que seus pais fossem excepcionalmente ricos ou muito nobres, mesmo no início do século XIX. Uma vez que seu dinheiro para os alfinetes, que dependia da boa vontade do pai, dava apenas para mantê-la vestida, ela se privava mesmo dos paliativos que representavam até para Keats, ou Tennyson ou Carlyle, todos homens pobres, um passeio a pé, uma pequena viagem à França, uma acomodação isolada que, ainda que bem miserável, punha-os ao abrigo das exigências e tiranias das respectivas famílias. Essas dificuldades materiais eram imensas; muito piores, porém, eram as imateriais. A indiferença do mundo, que Keats e Flaubert e outros homens de gênio tiveram tanta dificuldade de suportar, não era, no caso da mulher, indiferença, mas, sim, hostilidade. O mundo não lhe dizia como a eles: Escreva, se quiser; não faz nenhuma diferença para mim. O mundo dizia numa gargalhada: Escrever? E o que há de bom em você escrever? Nesse ponto, talvez as psicólogas de Newnham e Girton possam vir em nosso auxílio, pensei, olhando novamente para os espaços vazios nas prateleiras. Pois é certamente hora de se medir o efeito do desestímulo sobre a mente do artista, como vi uma empresa de laticínios medir o efeito do leite comum e do leite Tipo A no corpo dos ratos. Eles puseram dois ratos em gaiolas lado a lado, e, dos dois, um era esquivo, tímido e pequeno, e o outro era lustroso, ousado e grande. Ora, com que alimentamos as mulheres enquanto artistas?, perguntei, relembrando, acho, aquele jantar de ameixas secas e creme. Para responder a essa pergunta, bastou-me abrir o jornal vespertino e ler que Lord Birkenhead é de opinião que… mas, realmente, não vou dar-me o trabalho de transcrever a opinião de Lord Birkenhead sobre o que escrevem as mulheres. Quanto ao deão Inge, deixarei para lá o que diz. Ao especialista de Harley Street poderá ser permitido despertar os ecos de Harley Street com suas vociferações, sem arrepiar um só fio de meus cabelos. Citarei, no entanto, o sr. Oscar Browning, pois em certa época o sr. Oscar Browning foi um eminente personagem em Cambridge e costumava examinar os alunos de Girton e Newnham. O sr. Oscar Browning tinha o hábito de declarar "que a impressão deixada em sua mente, após examinar qualquer conjunto de provas, era que, independentemente das notas por ele conferidas, a melhor dentre as mulheres era intelectualmente inferior ao pior dentre os homens". Após dizer isso, o sr. Browning voltou para seus aposentos — e é essa sequência que o torna benquisto e faz dele uma figura humana de certa estatura e majestade —, voltou para seus aposentos e encontrou um cavalariço deitado no sofá: "um mero esqueleto; as faces eram encovadas e pálidas, os dentes eram escuros e ele não parecia comandar inteiramente seus membros... 'É o Arthur' [disse o sr. Browning]. 'Ele é mesmo um grande menino e muito generoso.'" Os dois quadros sempre me parecem completar-se mutuamente. E felizmente, nessa era da biografia, os dois quadros muitas vezes de fato se completam, de modo que temos a possibilidade de interpretar as opiniões dos grandes homens não apenas pelo que dizem, mas pelo que fazem.

Mas, embora isso seja agora possível, tais opiniões saídas dos lábios de pessoas importantes devem ter sido suficientemente impressionantes até mesmo há cinquenta anos. Suponhamos que um pai, pelos mais elevados motivos, não quisesse sua filha saindo de casa e se tornando escritora, pintora ou acadêmica. "Veja o que diz o sr. Oscar Browning", diria ele; e não havia apenas o sr. Oscar Browning; havia o *Saturday Review,* havia o sr. Greg — a "essência de ser mulher", dizia o sr. Greg enfaticamente, "é que *elas são sustentadas pelos homens e servem a eles*" —, havia uma enorme maioria de opiniões masculinas no sentido de que nada se poderia esperar das mulheres intelectualmente. Mesmo que seu pai não lhe lesse em voz alta essas opiniões, qualquer moça poderia lê-las por si mesma; e a leitura, mesmo no século XIX, deve ter-lhes reduzido a vitalidade e influído profundamente em seu trabalho. Haveria sempre aquela afirmativa — você não pode fazer isto, você é incapaz de fazer aquilo — contra a qual protestar e a ser superada. Provavelmente, para uma romancista, esse germe já não surte grande efeito, pois têm havido mulheres romancistas de mérito. Mas, para as pintoras, isso deve trazer ainda algum tormento; e para as musicistas, imagino, é ainda hoje ativo e venenoso ao extremo. A mulher que compõe música situa-se no que foi o lugar da atriz na época de Shakespeare. Nick Greene, pensei, lembrando a história que criei sobre a irmã de Shakespeare, dissera que uma mulher representando o fazia lembrar-se de um cachorro dançando. Johnson repetiu essa frase duzentos anos depois a propósito das pregadoras de saias. E aqui, disse eu abrindo um livro sobre música, temos as mesmas palavras novamente usadas neste ano da graça de 1928, sobre mulheres que tentam escrever música. "Sobre a srta. Germaine Tailleferre, pode-se apenas repetir a máxima do dr. Johnson sobre as mulheres pregadoras, transposta em termos de música. 'Senhor, a composição de uma mulher é como o andar de um cachorro sobre as patas traseiras. Não é bem-feita, mas já surpreende constatar-se que de qualquer modo foi feita.'"* Com que exatidão a história se repete...

Assim, concluí, fechando a vida do sr. Oscar Browning e empurrando o resto para longe, é bastante evidente que, mesmo no século XIX, a mulher não era incentivada a ser artista. Pelo contrário, era tratada com arrogância, esbofeteada, submetida a sermões e admoestada. Sua mente deve ter sofrido tensões, e sua vitalidade reduzida pela necessidade de opor-se a isto, de desmentir aquilo. Pois aí, mais uma vez, entramos no âmbito daquele complexo masculino muito interessante e obscuro que teve tanta influência no movimento feminista, daquele desejo arraigado não tanto de que *ela* seja inferior, mas de que *ele* seja superior, o que o coloca, para onde quer que se olhe, não apenas na dianteira das artes, mas

---
* *A Survey of Contemporary Music*, Cecil Gráy, p. 246. (N.A.)

barrando também o caminho da política, mesmo quando, para ele próprio, o risco pareça infinitesimal e a suplicante pareça humilde e devotada. Até Lady Bessborough, recordei-me, com toda sua paixão pela política, precisou inclinar-se humildemente e escrever a Lord Granville Leveson-Gower: "... a despeito de toda a minha violência na política e de falar tanto sobre esse assunto, concordo perfeitamente com o senhor que mulher alguma não tem nada de se envolver com esse ou com qualquer outro assunto sério além de dar sua opinião (se solicitada)." E assim ela gasta seu entusiasmo onde ele não enfrenta nenhum obstáculo, naquele assunto imensamente importante: o discurso de estreia de Lord Granville na Câmara dos Comuns. O espetáculo é certamente estranho, pensei. A história da oposição dos homens à emancipação das mulheres talvez seja mais interessante do que a história da própria emancipação. Seria possível escrever um livro divertido sobre isso, caso alguma jovem aluna de Girton ou Newnham colhesse exemplos e deduzisse uma teoria — mas ela precisaria de luvas grossas nas mãos e de barras de ouro maciço a protegê-la.

Mas o que hoje é divertido, lembrei-me enquanto fechava Lady Bessborough, teve um dia que ser levado desesperadamente a sério. As opiniões que alguém hoje prega num livro considerado cocorocó e guarda para ler perante plateias selecionadas nas noites de verão, um dia arrancaram lágrimas, posso garantir-lhes. Entre suas avós e bisavós, houve muitas que choraram amargamente. Florence Nightingale berrou em seu desespero.* Além disso, é muito fácil para vocês, que ingressaram na universidade e desfrutam de sala de estar (ou serão apenas conjugados de quarto e sala de estar?) própria afirmar que a genialidade não deveria ligar para tais opiniões, que a genialidade deveria pairar acima do que se diz dela. Lamentavelmente, são precisamente homens ou mulheres de talento que mais se importam com o que deles se diz. Lembrem-se

---

*Ver *Cassandra*, de Florence Nightingale, publicada em *The Cause*, de R. Strachey. (N.A.)

de Keats. Lembrem-se das palavras que ele mandou gravar em seu túmulo. Pensem em Tennyson; pensem... Mas eu dificilmente precisaria multiplicar os exemplos do fato inegável, se bem que muito inauspicioso, de que é da natureza do artista importar-se excessivamente com o que se diz dele. A literatura está salpicada dos destroços de homens que se importaram irracionalmente com as opiniões dos outros.

E essa susceptibilidade deles é duplamente lastimável, pensei, voltando mais uma vez para minha investigação inicial sobre qual seria o estado de espírito mais propício ao trabalho criativo, pois a mente do artista, a fim de alcançar o prodigioso esforço de libertar, íntegro e completo, o trabalho que está nele, precisa ser incandescente, tal como a mente de Shakespeare, conjecturei, enquanto olhava para o livro aberto em *Antônio e Cleópatra*. Não deve haver nela nenhum obstáculo, nenhuma matéria estranha não eliminada.

Pois embora afirmemos nada saber sobre o estado de espírito de Shakespeare, no momento mesmo em que o afirmamos estamos dizendo algo sobre o estado de espírito de Shakespeare. A razão, talvez, por que saibamos tão pouco sobre Shakespeare — em comparação com Donne ou Ben Jonson ou Milton — é que seus ressentimentos e rancores e antipatias nos são ocultados. Não somos interrompidos por alguma "revelação" que nos faça lembrar do escritor. Todo o desejo de protestar, de pregar, de proclamar alguma injúria, de desforrar-se de algo, de fazer o mundo testemunhar algum revés ou injustiça foi descarregado dele e eliminado. Assim, a poesia flui dele livre e desimpedida. Se algum dia um ser humano expressou completamente seu trabalho, esse ser foi Shakespeare. Se algum dia uma mente se mostrou brilhante e livre, pensei eu, voltando-me novamente para a estante, essa mente foi a de Shakespeare.

Capítulo IV

Que se pudesse encontrar qualquer mulher com essa disposição de ânimo no século XVI era obviamente impossível. Basta pensar nos túmulos elisabetanos, com todas aquelas crianças ajoelhadas de mãos postas; e em suas mortes prematuras; e ver suas casas de cômodos escuros e abarrotados, para perceber que nenhuma mulher poderia ter escrito poesia naquela época. O que se esperaria descobrir seria que, talvez bem mais tarde, alguma grande dama tirasse proveito de sua relativa liberdade e conforto para publicar algo com seu nome e arriscar-se a ser considerada um monstro. Os homens, é claro, não são esnobes — prossegui, evitando cuidadosamente "o notório feminismo" da srta. Rebecca West —, mas apreciam com simpatia, em sua maior parte, os esforços de uma condessa para escrever versos. Poder-se-ia esperar encontrar uma dama nobre experimentando um incentivo bem maior do que uma desconhecida srta. Austen ou uma srta. Brontë na época encontrariam. Mas também esperaríamos constatar que sua mente fosse perturbada por emoções estranhas, como medo e ódio, e que seus poemas revelassem sinais de tal perturbação. Eis aqui, por exemplo, Lady Winchilsea, pensei eu, retirando seus poemas da estante. Ela nasceu no ano de 1661; era nobre por nascimento e por casamento; não tinha filhos; escreveu poesia, e basta abrir sua poesia para descobri-la explodindo de indignação contra a posição das mulheres:

> *How we are fallen! fallen by mistaken rules,*
> *And Education's more than Nature's fools;*
> *Debarred from all improvements of the mind,*
> *And to be dull, expected and designed;*
> *And if someone would soar above the rest,*
> *Whith warmer fancy, and ambition pressed,*

So strong the opposing faction still appears,
The hopes to thrive can ne'er outweigh the fears*

Claro que a mente dela de modo algum "eliminou todos os empecilhos e tornou-se brilhante". Ao contrário, acha-se atormentada e desvirtuada por ódios e ressentimentos. A raça humana, para ela, está cindida em duas partes. Os homens são a "facção oposta"; os homens são odiados e temidos, pois têm o poder de barrar-lhe o caminho para o que ela quer fazer — que é escrever.

Alas! a woman that attempts the pen,
Such a presumptuous creature is esteemed,
The fault can by no virtue be redeemed.
They tell us we mistake our sex and way;
Good breeding, fashion, dancing, dressing, play,
Are the accomplishments we should desire;
To write, or read, or think, or to enquire,
Would cloud our beauty, and exhaust our time,
And interrupt the conquests of our prime,
Whilst the dull manage of a servile house
Is held by some our utmost art and use.**

---

*Trad. livre: Quão degradadas estamos! degradadas por regras errôneas,/ e joguetes mais da Educação que da Natureza;/ Excluídas de todo aprimoramento da mente,/ E para a estupidez pretendidas e destinadas;/ E quando alguém se eleva acima do resto,/ Com imaginação mais ardente e premida pela ambição,/ Tão forte surge ainda a facção oposta,/ Que as esperanças de prosperar nunca suplantam os temores. (N.T.)

**Trad. livre: Ai da mulher que tenta a pena!/ É vista como tão presunçosa criatura/ que nenhuma virtude pode redimir-lhe a falha./ Dizem-nos que confundimos nosso sexo e maneiras;/ Boa educação, moda, dança, roupas e divertimentos,/ Eis os dotes que deveríamos desejar;/ Escrever, ou ler, ou pensar, ou indagar/ Turvariam nossa beleza e esgotariam nosso tempo,/ E interromperiam as conquistas de nossa plenitude,/ Enquanto a direção tediosa de uma casa servil/ É tida por alguns como nossa maior arte e serventia. (N.T.)

De fato, ela tem de criar coragem para escrever na suposição de que o que escreve nunca será publicado, para reconfortar-se com o triste canto:

To some few friends, and to thy sorrows sing,
For groves of laurel thou wert never meant;
Be dark enough thy shades, and be thou there content.*

E no entanto, está claro que, se pudesse ter liberado a mente do ódio e do medo, em vez de cumulá-la de amargura e ressentimento, haveria nela um fogo ardente. Vez por outra fluem palavras de pura poesia:

Nor will in fading silkes compose,
Faintly the inimitable rose.**

justificadamente enaltecidas pelo sr. Murry; e Pope, acredita-se, recordou e apropriou-se destas outras:

Now the jonquille o'ercomes the feeble brain;
We faint beneath the aromatic pain.***

É mil vezes lastimável que uma mulher capaz de escrever assim, cuja mente estava em sintonia com a natureza e a reflexão, tenha sido levada à raiva e à amargura. Mas como poderia ela ter evitado isso?, perguntei a mim mesma, imaginando as expressões de escárnio e as risadas, a adulação dos bajuladores, o ceticismo do poeta profissional.

---

* Trad. livre: Para alguns amigos e para teus pesares canta,/ Que para bosques de louros nunca foste destinada;/ Sejam escuras o bastante tuas sombras, e que ali estejas contente. (N.T.)

** Trad. livre: E nem compõe em sedas desbotadas/ Palidamente a rosa inimitável. (N.T.)

*** Trad. livre: Agora que o junquilho triunfa sobre o cérebro frágil,/ Desfalecemos sob a dor aromática. (N.T.)

Ela deve ter-se encerrado num aposento no campo para escrever e deve ter-se dilacerado de amargura e talvez escrúpulos, embora seu marido fosse dos mais bondosos, e a vida conjugal, a perfeição. Ela "deve ter", digo eu, pois quando se procuram fatos sobre Lady Winchilsea descobre-se, como de hábito, que quase nada se sabe sobre ela. Sofria terrivelmente de melancolia, o que podemos explicar, ao menos em certa medida, quando a ouvimos contar como, no auge dela, punha-se a imaginar:

> *My lines decried, and my employment thought*
> *An useless folly or presumptuous fault:**

A ocupação assim censurada era, tanto quanto podemos perceber, a inócua atividade de vaguear pelos campos e sonhar:

> *My hand delights to trace unusual things,*
> *And deviates from the known and common way,*
> *Nor will in fading silks compose,*
> *Faintly the inimitable rose.***

Naturalmente, se esse era o seu hábito e esse o seu deleite, ela só poderia esperar que rissem dela; e, consoantemente, diz-se que Pope, ou Gay, satirizou-a "como uma literata com ânsias de escrevinhar". Acredita-se também que ela tenha ofendido Gay por rir-se dele. Disse que sua *Trivia* mostrava que "ele era mais adequado para andar adiante de uma sege do que para sentar-se nela". Mas tudo isso são "boatos duvidosos" e, no dizer do sr. Murry, "desinteressantes". Só que, nesse ponto, não concordo com ele, pois gostaria de dispor

---

* Trad. livre: Meus versos execrados e minha ocupação vista/Como tolice inútil ou pretensiosa falha. (N.T.)
** Trad. livre: Minha mão compraz-se em traçar coisas incomuns/ E afasta-se do estilo conhecido e comum,/ E nem compõe em sedas desbotadas/ Palidamente a rosa inimitável. (N.T.)

mais até de boatos duvidosos para que pudesse descobrir ou compor alguma imagem dessa melancólica dama, que amava vaguear pelos campos e pensar em coisas incomuns e desprezava tão temerariamente, tão imprudentemente, "a direção tediosa de uma casa servil". Mas ela se tornou prolixa, diz o sr. Murry. Seu talento está enredado por ervas daninhas que lhe cresceram em volta e emaranhado na sarça. Não teve nenhuma oportunidade de mostrar-se pelo belo e destacado talento em si. E assim, devolvendo-a à estante, voltei-me para a outra grande dama, a duquesa a quem Lamb amou, a estouvada, fantástica Margaret de Newcastle, mais velha do que ela, porém contemporânea sua. Elas eram muito diferentes, mas assemelhavam-se no fato de serem ambas nobres e ambas sem filhos, e ambas terem desposado o melhor dos maridos. Nas duas ardia a mesma paixão pela poesia e ambas foram desfiguradas e deformadas pelas mesmas causas. Abra-se a duquesa para descobrir a mesma explosão de raiva: "As mulheres vivem como Morcegos ou Corujas, trabalham como Bestas e morrem como Vermes..." Margaret também poderia ter sido poeta; em nossos dias, toda aquela atividade teria mexido alguma coisa. Do modo como foi, o que poderia sujeitar, domar ou civilizar para uso humano aquela inteligência rebelde, generosa e inculta? Ela se derramava desordenadamente em torrentes de rima e prosa, poesia e filosofia hoje congeladas em quartos e fólios que ninguém nunca lê. Deveriam ter-lhe posto um microscópio nas mãos. Deveriam ter-lhe ensinado a olhar as estrelas e a raciocinar cientificamente. Seu juízo perdeu-se na solidão e na liberdade. Ninguém a deteve. Ninguém lhe deu ensinamentos. Os professores a bajularam. Na corte, zombaram dela. Sir Egerton Brydges queixou-se de sua rudeza "vinda de uma mulher de alta classe, educada em mansões senhoriais". Ela recolheu-se em Welbeck, sozinha.

Que visão de solidão e tumulto traz à mente a lembrança de Margaret Cavendish! Como se algum pepineiro gigante se houvesse espalhado por sobre todas as rosas e cravos do jardim, sufocando-os até a morte. Uma lástima que a mulher que escreveu "as mulheres mais bem-educadas são aquelas cuja mente é mais civilizada" tivesse desperdiçado seu tempo rabiscando tolices e mergulhando cada vez mais fundo na obscuridade e na loucura, ao ponto de as pessoas se amontoarem em torno de sua carruagem quando ela saía. Evidentemente, a duquesa louca tornou-se um bicho-papão com que se assustavam meninas inteligentes. Eis aqui, recordei-me, pondo de lado a duquesa e abrindo as cartas de Dorothy Osborne, Dorothy escrevendo a Temple sobre o novo livro da duquesa. "É claro que a pobre mulher está um pouco perturbada, de outro modo nunca poderia ser tão ridícula a ponto de arriscar-se a escrever livros, e versos também; nem que não dormisse por duas semanas eu chegaria a isso."

E assim, já que nenhuma mulher de bom senso e recato podia escrever livros, Dorothy, que era sensível e melancólica — exatamente o oposto da duquesa em temperamento —, não escreveu nada. As cartas não contam. Uma mulher podia escrever cartas uma vez sentada junto ao leito de dor do pai. Podia escrevê-las junto à lareira, enquanto os homens conversavam, sem perturbá-los. O mais estranho, pensei, folheando as páginas das cartas de Dorothy, é o talento que tinha essa jovem sem instrução e solitária para compor uma frase, para moldar uma cena. Ouçam-na discorrer, com a sua ortografia e pontuação peculiares:

"Depois do almoço sentamos e converssamos até o assunto chegar ao sr. B. e aí eu saio. o calor da tarde é passado a ler ou trabalhar, e aí pelas seis ou sete horas em ponto, vou andando até uma área publica que fica bem perto de casa, onde muitas aldeans jovens cuidam de ovelhas e vacas e sentam à sombra cantando baladas; vou até elas e comparo suas voses e sua beleza com as de algumas Pastoras da Antiguidade sobre quem li e descubro ali uma vasta diferença, mas creia-me acho que estas são tão inocentes quanto aquelas. Falo com elas e descubro que não falta nada para fazer delas as Pessoas mais felizes do mundo, a não ser o conhecimento de que o são. é muito comum, quando estamos no meio da nossa conversa, uma delas olhar em volta e ver a sua vaca dobrando a esquina, e lá se vão todas correndo, como se tivessem asas nos pés. eu, que não sou tão ágil fico pra traz, e quando vejo elas levando seu gado para casa acho que é hora de me recolher também. feita a ceia, vou para o Jardim e então para a margem de um Riozinho que corre junto dele, onde me sento e desejo que você estivesse comigo. (...)"

Seria possível jurar que havia nela as qualidades essenciais de uma escritora. Mas "nem que não dormisse por duas semanas eu chegaria a isso"; pode-se medir a oposição que havia no ar contra a mulher que escrevesse, quando se constata que até mesmo uma mulher com um grande pendor para a literatura fora levada a crer que escrever um livro era ser ridícula, e até mesmo mostrar-se perturbada. E assim chegamos, prossegui, recolocando o pequeno e único volume das cartas de Dorothy Osborne na prateleira, à sra. Behn.

E com a sra. Behn dobramos uma esquina muito importante do caminho. Deixamos para trás, encerradas em seus parques entre seus fólios, essas grandes damas solitárias que escreveram sem plateia ou crítica, apenas para seu próprio deleite. Chegamos à cidade e esbarramos em gente comum pelas ruas. A sra. Behn foi uma mulher de classe média com todas as virtudes plebeias do humor, da vitalidade e da coragem: uma mulher forçada pela morte do marido e por algumas infelizes aventuras pessoais a ganhar a vida através de sua inteligência. Ela teve que trabalhar em igualdade de condições com os homens. Conseguiu, trabalhando muito duro, o bastante para viver. A importância desse fato supera qualquer coisa que ela tenha efetivamente escrito, mesmo os esplêndidos "A Thousand Martyrs I Have Made" ou "Love in Fantastic Triumph Sat", pois aí começa a liberdade da mente, ou melhor, a possibilidade de que, no decorrer do tempo, a mente venha a ser livre para escrever o que bem quiser. Pois agora que Aphra Behn o havia conseguido, as moças podiam ir até seus pais e dizer: Vocês não precisam dar-me uma pensão; posso ganhar dinheiro com minha pena. É claro que a resposta, por muitos anos seria: Sim, vivendo a vida de Aphra Behn! Melhor a morte. E a porta seria batida mais depressa que nunca. Esse tema profundamente interessante — o valor que os homens atribuem à castidade das mulheres e seu efeito na educação delas — sugere-se aqui para discussão e talvez proporcionasse um livro interessante, se qualquer aluna de Girton ou Newnham se importasse em estudar o assunto. Lady Dudley, sentada com seus diamantes em meio aos mosquitos de algum brejo escocês, serviria de frontispício. Lord Dudley, disse *The Times* um dia desses, quando Lady Dudley morreu, "homem de gosto apurado e muitos dons, era benevolente e generoso, mas caprichosamente despótico. Insistia em que sua esposa se vestisse a rigor mesmo no mais remoto pavilhão de caça nas montanhas da Escócia; cobria-a de joias esplendorosas", e assim por diante; "dava-lhe tudo, exceto, sempre, qualquer dimensão de responsabilidade". Então Lord Dudley teve um derrame e ela cuidou dele e dirigiu suas propriedades com suprema competência pelo resto da vida. Havia esse despotismo caprichoso também no século XIX.

Mas, voltando ao assunto. Aphra Behn provou que era possível ganhar dinheiro escrevendo, talvez com o sacrifício de certas qualidades agradáveis; e assim, gradativamente, escrever tornou-se não um mero sinal de loucura e de uma mente perturbada, mas passou a ter importância prática. O marido poderia morrer, ou alguma desgraça atingir a família. Centenas de mulheres começaram, com o decorrer do século XVIII, a contribuir com o dinheiro das despesas pessoais ou ir em socorro da família, fazendo traduções ou escrevendo os inúmeros romances de má qualidade que deixaram de ser registrados até mesmo nos compêndios, mas que podem ser obtidos nas caixas de quatro *pence* na Charing Cross Road. A extrema atividade mental que se revelou entre as mulheres no final do século XVIII — as conversas, as reuniões, a redação de ensaios sobre Shakespeare, a tradução dos clássicos — baseou-se no sólido fato de que as mulheres podiam ganhar dinheiro escrevendo. O dinheiro dignifica aquilo que é frívolo quando não é remunerado. Talvez ainda fosse de bom-tom torcer o nariz para as "literatas com ânsias de escrevinhar", mas não se podia negar que elas conseguiam pôr dinheiro em suas bolsas. Assim, para o término do século XVIII promoveu-se uma mudança que, se eu estivesse reescrevendo a história, descreveria mais integralmente e consideraria de maior importância do que as Cruzadas ou a Guerra das Rosas. A mulher da classe média começou a escrever. Porque, se *Orgulho e preconceito* tem alguma importância, se têm alguma importância *Middlemarch* e *Villette* e *O Morro dos Ventos Uivantes*, então é muito mais importante do que eu conseguiria provar numa conferência de uma hora que as mulheres em geral, e não apenas a aristocrata solitária encerrada em sua casa de campo, em meio a seus fólios e seus aduladores, começaram a gostar de escrever. Sem aquelas precursoras, Jane Austen e as Brontës e George Eliot não teriam tido maior possibilidade de escrever do que teria Shakespeare sem Marlowe, ou Marlowe sem Chaucer, ou Chaucer sem aqueles poetas esquecidos que prepararam o terreno e domaram a selvageria natural da língua. As obras-primas não são frutos isolados e solitários; são o resultado de muitos anos de pensar em conjunto, de um pensar através do corpo das pessoas, de modo que a experiência da massa está por trás da voz isolada. Jane Austen deveria ter depositado uma coroa de flores na sepultura de Fanny Burney, e George Eliot deveria ter rendido homenagem à sombra resoluta de Eliza Carter — a brava senhora que amarrou uma sineta na armação de sua cama para que pudesse acordar cedo e estudar grego. Todas as mulheres reunidas deveriam derramar flores sobre o túmulo de Aphra Behn, que está, escandalosamente, mas com muita propriedade, na Abadia de Westminster, pois foi ela quem lhes assegurou o direito de dizerem o que pensam. É ela — por mais suspeita e sensual que tenha sido — que faz com que não seja muito fantástico eu dizer-lhes esta noite: Ganhem quinhentas libras anuais com sua inteligência.

Ali, portanto, chegara-se ao início do século XIX. E ali, pela primeira vez, encontrei diversas prateleiras inteiramente dedicadas às obras de mulheres. Mas por que, não pude deixar de perguntar enquanto corria os olhos por elas, eram todas, com muito poucas exceções, romances? O impulso original foi para a poesia. A "mestra suprema dos cânticos" foi uma poetisa. Tanto na França quanto na Inglaterra, as poetisas precederam as romancistas. Além disso, pensei, olhando os quatro nomes famosos, o que teria George Eliot em comum com Emily Brontë? Então Charlotte Brontë não fracassara inteiramente em compreender Jane Austen? Salvo pelo fato possivelmente relevante de que nenhuma delas teve filhos, dificilmente quatro personagens mais incongruentes poderiam ter-se reunido numa sala — tanto que é tentador inventar uma reunião e uma conversa entre elas. No entanto, por alguma estranha força, todas foram compelidas, ao escreverem, a escrever romances. Teria isso algo a ver com nascer na classe média, perguntei-me, e com o fato, que srta. Emily Davies iria demonstrar tão extraordinariamente pouco mais tarde, de que a família de classe média do início do século XIX possuía apenas uma sala de estar para todos? Se uma mulher escrevesse, teria de escrever na sala de estar comum. E, como se queixaria tão veementemente srta. Nightingale — "as mulheres nunca dispõem de meia hora... que possam chamar de sua" —, ela era sempre interrompida. Mesmo assim, seria mais fácil escrever ali prosa e ficção do que escrever poesia ou uma peça. Exige-se menos concentração. Jane Austen escreveu assim até o fim de seus dias. "Como conseguiu fazer tudo isso", diz o sobrinho dela em suas *Memórias*, "é surpreendente, pois ela não tinha um estúdio próprio para onde pudesse ir, e a maior parte do trabalho deve ter sido feita na sala de estar comum, sujeita a todo tipo de interrupções corriqueiras. Ela tomava cuidado para que os criados ou visitantes ou quaisquer pessoas fora da família não suspeitassem de sua ocupação".* Jane Austen escondia seus manuscritos ou cobria-os com um pedaço de mata-borrão. De mais a mais, toda a formação literária que uma mulher recebia no início do século XIX era concentrada na observação do caráter, na análise da emoção. Sua sensibilidade fora cultivada durante séculos pelas influências da sala de estar comum. Os sentimentos das pessoas estavam impressos nela; as relações pessoais estavam sempre diante de seus olhos. Por conseguinte, quando a mulher da classe média dedicou-se a escrever, naturalmente

---

* *Memoir of Jane Austen*, de James Edward Austen-Leigh, sobrinho da autora. (N.A.)

escreveu romances, muito embora, como parece bastante óbvio, duas das quatro mulheres famosas aqui apontadas não fossem romancistas por natureza. Emily Brontë deveria ter escrito peças poéticas; o fluxo abundante da grande capacidade mental de George Eliot ter-se-ia expandido quando o impulso criador fosse despendido na história ou na biografia. Elas escreveram romances, no entanto; e pode-se até ir mais longe, disse eu, retirando *Orgulho e preconceito* da prateleira, e dizer que escreveram bons romances. Sem fanfarronices e sem ferir o sexo oposto, pode-se dizer que *Orgulho e preconceito* é um bom livro. De qualquer modo, ninguém sentiria vergonha de ser apanhado no ato de escrever *Orgulho e preconceito*. E, no entanto, Jane Austen ficava contente quando uma dobradiça rangia, de modo que pudesse esconder seu manuscrito antes que alguém entrasse. Para Jane Austen, havia algo de desabonador em escrever *Orgulho e preconceito*. E, pus-me a imaginar, seria *Orgulho e preconceito* um romance melhor se Jane Austen não tivesse considerado necessário esconder seu manuscrito dos visitantes? Li uma ou duas páginas para verificar, mas não consegui encontrar sinal algum de que as circunstâncias em que ela viveu tivessem causado o menor dano a seu trabalho. Esse talvez fosse o principal milagre daquilo. Ali estava uma mulher, por volta de 1800, escrevendo sem ódio, sem amargura, sem medo, sem protestos, sem pregações. Foi assim que Shakespeare escreveu, pensei, olhando para *Antônio e Cleópatra*; e quando comparam Shakespeare e Jane Austen, talvez pretendam dizer que a mente de ambos havia destruído todos os obstáculos; e por essa razão não conhecemos Jane Austen e não conhecemos Shakespeare, e por essa razão Jane Austen repassa cada palavra que escreveu, e o mesmo faz Shakespeare. Se Jane Austen foi prejudicada em algum aspecto de sua situação, deve ter sido na estreiteza da vida que lhe foi imposta. Era impossível a uma mulher andar sozinha. Ela nunca viajou; nunca rodou por Londres num ônibus ou almoçou sozinha num restaurante. Mas talvez fosse da natureza de Jane Austen não querer o que não tinha. Seu talento e suas condições de vida ajustavam-se completamente. Mas duvido que o mesmo tenha ocorrido com Charlotte Brontë, disse eu, abrindo *Jane Eyre* e colocando-o ao lado de *Orgulho e preconceito*.

Abri-o no capítulo 12, e meu olhar foi atraído pela frase "Censure-me quem quiser". Do que estariam censurando Charlotte Brontë?, indaguei-me. E li como Jane Eyre costumava subir ao telhado, enquanto a sra. Fairfax fazia geleias, e contemplar os campos a distância. E então ela ansiava — e era disso que a censuravam — "eu ansiava por um poder da visão que ultrapassasse aquele limite, que pudesse alcançar o mundo agitado, cidades, regiões plenas de vida de que eu ouvira falar mas nunca vira: e então eu aspirava por mais experiência prática do que possuía, mais intercâmbio com gente como eu, mais conhecimento com uma variedade de pessoas do que estavam ao meu alcance. Eu valorizava o que havia de bom na sra. Fairfax e o que havia de bom em Adèle; mas acreditava na existência de outros e mais vívidos tipos de bondade, e aquilo em que acreditava eu queria ver.

"Quem há de censurar-me? Muitos, sem dúvida, e serei chamada de descontente. Não havia como impedi-lo: a inquietação estava em minha natureza; por vezes, agitava-me até a dor...

"É inútil dizer que os seres humanos devem satisfazer-se com a tranquilidade: eles precisam de ação, e irão provocá-la, se não a puderem encontrar. Milhões estão condenados a um destino ainda mais estagnado que o meu, e milhões vivem em silenciosa revolta contra sua sina. Ninguém sabe quantas rebeliões fermentam nas massas de vida que povoam a terra. Supõe-se que as mulheres sejam geralmente muito calmas, mas as mulheres sentem exatamente como os homens — elas precisam de exercício para suas faculdades e de um campo para seus esforços, tanto quanto seus irmãos; elas sofrem de uma contenção rígida demais, de uma estagnação absoluta demais, precisamente como sofreriam os homens; e é tacanhice de seus semelhantes mais privilegiados dizer que elas devem limitar-se a fazer pudins e costurar meias, a tocar piano e bordar sacolas. É impensado condená-las ou rir delas quando buscam fazer mais ou aprender mais do que os costumes declararam ser necessário para seu sexo.

"Quando estava assim a sós, não era infrequente eu ouvir o riso de Grace Poole. (...)"

Essa é uma interrupção inoportuna, pensei. É irritante esbarrar de repente em Grace Poole. A continuidade é interrompida. Poder-se-ia dizer, prossegui, depositando o livro ao lado de *Orgulho e preconceito,* que a mulher que escreveu essas páginas tinha mais talento do que Jane Austen; mas, quando alguém as lê e lhes nota aquele tranco, aquela indignação, percebe que ela jamais conseguirá expressar seu talento integral e completamente. Seus livros serão deturpados e distorcidos. Ela escreverá com ódio, quando deveria escrever calmamente. Escreverá de maneira tola quando deveria escrever com sabedoria. Escreverá sobre si mesma quando deveria escrever sobre seus personagens. Ela está em guerra com sua sina. Como poderia deixar de morrer jovem, confinada e frustrada?

Era impossível não brincar por um momento com a ideia do que teria acontecido se Charlotte Brontë tivesse possuído, digamos, trezentas libras por ano — mas a tola vendeu de uma vez todos os direitos autorais de seus romances por mil e quinhentas libras —; se, de algum modo, tivesse tido maior conhecimento do mundo agitado, das cidades, e das regiões plenas de vida; mais experiência prática, intercâmbio com gente de seu tipo e relações com uma variedade de pessoas. Nessas palavras, ela coloca o dedo exatamente não apenas em seus próprios defeitos como romancista, mas também nos de seu sexo naquela época. Ela sabia, e ninguém poderia saber melhor, a enormidade que seu talento teria se beneficiado caso não se houvesse desperdiçado em visões solitárias para além de campos distantes, se lhe tivessem sido concedidos experiência, intercâmbio e viagens. Mas não foram concedidos; foram retidos; e devemos aceitar o fato de que todos aqueles bons romances — *Villette, Emma, O Morro dos Ventos Uivantes, Middlemarch* — foram escritos por mulheres sem maior experiência da vida do que a que entraria na casa de um clérigo respeitável; escritas também na sala de estar comum dessa casa respeitável e por mulheres tão pobres que não podiam permitir-se comprar, de cada vez, mais que alguns maços soltos de papel onde escrever *O Morro dos Ventos Uivantes* ou *Jane Eyre*. É verdade que uma delas, George Eliot, conseguiu escapar após grandes atribulações, mas apenas para uma vila retirada no Bosque de St. John. E ali se estabeleceu à sombra da reprovação do mundo. "Desejo que fique entendido", escreveu ela, "que eu jamais convidaria para vir ver-me alguém que não solicitasse esse convite" — pois não estava ela vivendo em pecado com um homem casado, e não poderia a visão dela afetar a castidade da sra. Smith ou de quem quer que por acaso a visitasse? A pessoa deve submeter-se às convenções sociais e ser "cortada fora do que se chama mundo". Na mesma época, do outro lado da Europa, havia um rapaz que vivia livremente com essa cigana ou aquela grande dama; que ia à guerra; que recolhia, desimpedido e sem censura, toda a diversificada experiência da vida humana que tão esplendidamente lhe serviu, quando, mais tarde, passou a escrever livros. Houvesse Tolstói vivido em reclusão no convento com uma mulher casada, "cortado do que se chama mundo", e, por mais edificante que fosse a lição moral, dificilmente (pensei eu) teria escrito *Guerra e paz*.

Mas talvez se possa ir um pouco mais fundo na questão da redação de romances e do efeito do sexo sobre o romancista. Quando se fecham os olhos e se pensa no romance como um todo, ele se afigura como uma criação dotada de certa semelhança especular com a vida, embora, é claro, com inumeráveis simplificações e distorções. Seja como for, é uma estrutura que deixa uma forma na visão da mente, ora erigida em blocos, ora com o formato de um pagode, ora abrindo-se em alas e galerias, ora solidamente compacta e abobadada como a Catedral de Santa Sofia, em Constantinopla. Essa forma, pensei, voltando a refletir sobre certos romances famosos, faz brotar na pessoa a espécie de emoção que lhe é apropriada. Mas essa emoção logo se mescla com outras, pois a "forma" não é construída pela relação de pedra a pedra, mas, sim, pela relação de ser humano a ser humano. Assim, o romance desperta em nós todo tipo de emoções antagônicas e opostas. A vida conflita com algo que não é vida. Daí a dificuldade de se chegar a qualquer acordo sobre os romances e o imenso poder que nossos preconceitos particulares exercem sobre nós. De um lado, sentimos que Você — John, o herói — precisa viver, caso contrário cairei no profundo abismo do desespero. De outro, sentimos que, infelizmente — ai de nós, John! —, você precisa morrer, pois a forma do livro o exige. A vida conflita com algo que não é vida. Então, já que em parte é vida, julgamo-lo como vida. James é o tipo de homem que mais detesto, diz alguém. Ou então, isso é uma miscelânea de absurdos; eu mesmo nunca sentiria nada parecido. A estrutura toda, é óbvio, reconsiderando qualquer romance famoso, é de infinita complexidade, pois é assim composta de tantos julgamentos diferentes, de tantos tipos diferentes de emoção. O prodigioso é que qualquer livro assim composto consolide-se por mais de um ou dois anos, ou tenha qualquer possibilidade de significar para o leitor inglês o mesmo que significa para o russo ou o chinês. Mas, ocasionalmente, eles de fato se consolidam de modo muito notável. E o que os sustenta, nesses raros exemplos de sobrevivência (eu estava pensando em *Guerra e paz*), é algo a que se chama integridade, embora nada tenha a ver com pagar as próprias contas ou comportar-se com honra numa emergência. O que se pretende dizer com integridade, no caso do romancista, é a convicção que ele nos dá de ser essa a verdade. Sim, percebe-se, eu nunca teria pensado que isso fosse assim; nunca soube que as pessoas se comportassem desse modo. Mas você me convenceu de que é assim, é assim que acontece. O sujeito expõe à luz cada frase, cada cena à medida que lê — pois a Natureza, muito curiosamente, parece ter-nos dotado de uma luz interna com que julgar a integridade ou não integridade do romancista. Ou talvez a Natureza, em seu humor mais irracional, tenha traçado com tinta invisível nos muros da mente uma premonição que esses grandes artistas confirmam: um esboço que basta segurar contra o fogo do talento para que se torne visível. Quando a pessoa assim o expõe e o vê ganhar vida, ela exclama em êxtase: Mas isso é o que sempre senti e soube e desejei! E ferve de excitação e, ao fechar o livro, com uma espécie de reverência mesmo, como se fosse algo muito precioso, um esteio ao qual retornar enquanto viver, coloca-o de volta na prateleira, dizia eu, tomando *Guerra e paz* e repondo-o em seu lugar. Se, por outro lado, essas pobres frases que alguém pega e testa despertam inicialmente uma reação rápida e ansiosa, com suas cores brilhantes e seus gestos ousados, mas param ali — algo parece detê-las em seu desenvolvimento; ou se trazem à luz apenas um rabisco desbotado nesse canto e uma mancha ali, e nada aparece íntegro e completo, então a pessoa emite um suspiro de desapontamento e diz: Outro fracasso. Esse romance falhou em algum ponto.

E na maioria dos casos, é claro, os romances realmente falham em algum ponto. A imaginação tropeça sob o esforço imenso. O discernimento se confunde, já não consegue distinguir entre o verdadeiro e o falso; já não tem forças para prosseguir no vasto trabalho que a cada momento exige o emprego de tantas faculdades diferentes. Mas como seria tudo isso afetado pelo sexo do romancista?, perguntei-me, olhando para *Jane Eyre* e os outros. Será que a realidade de seu sexo interferiria de algum modo na integridade de uma romancista, nessa integridade que considero ser a espinha dorsal do escritor? Ora, nos trechos que citei de *Jane Eyre*, fica claro que a raiva estava mexendo com a integridade da romancista Charlotte Brontë. Ela abandonou sua história, à qual se exigia toda a sua devoção, para voltar-se para alguma queixa pessoal. Lembrou-se de que sofrera a fome de seu devido quinhão de experiência — fora obrigada a estagnar num presbitério remendando meias, quando queria vagar livre pelo mundo. Sua imaginação desviou-se da indignação e pudemos senti-lo. Mas havia muito mais influências além da raiva a arrastar-lhe a imaginação e desviá-la de seu curso. A ignorância, por exemplo. O retrato de Rochester é traçado no escuro. Sentimos nele a influência do medo, assim como sentimos constantemente um azedume que resulta da opressão, um sofrimento sepulto a arder lentamente sob sua paixão, um rancor que contrai esses livros, por mais esplêndidos que sejam, num espasmo de dor.

E como o romance tem essa correspondência com a vida real, seus valores são, numa certa medida, os da vida real. Mas é óbvio que os valores das mulheres diferem, com frequência, dos que foram feitos pelo outro sexo; isso acontece, naturalmente. E, no entanto, são os valores masculinos que prevalecem. Falando cruamente, o futebol e o esporte são "importantes"; o culto da moda e a compra de roupas são "insignificantes". E esses valores são inevitavelmente transferidos da vida para a ficção. Esse é um livro importante, pressupõe o crítico, porque lida com a guerra. Esse é um livro insignificante, pois lida com os sentimentos das mulheres numa sala de visitas. Uma cena de campo de batalha é mais importante do que uma cena de loja — em todos os lugares, e de modo muito mais sutil, a diferença de valores persiste. Assim, toda a estrutura do romance do início do século XIX era levantada, quando se era mulher, por uma mente ligeiramente tirada do prumo e forçada a alterar sua visão clara em deferência à autoridade externa. Basta examinar superficialmente os velhos romances esquecidos e ouvir o tom de voz em que foram escritos para adivinhar que a escritora estava recebendo críticas; estava dizendo isto à guisa de agressão, ou aquilo à guisa de conciliação. Estava admitindo que era "apenas uma mulher", ou protestando ser "tão boa quanto um homem". Enfrentava a crítica como ditasse seu temperamento, com docilidade e acanhamento ou com raiva e ênfase. Não importa qual fosse: ela estava pensando em algo que não a coisa em si. E assim cai seu livro sobre nossas cabeças. Há um defeito bem no centro dele. E pensei em todos os romances de mulheres espalhados, como pequenas maçãs batidas num pomar, pelos sebos de Londres. O defeito no centro é que os havia estragado. A mulher havia alterado seus próprios valores em respeito à opinião alheia.

Mas o quanto lhes deve ter sido impossível não pender para a direita ou para a esquerda! Que talento, que integridade deve ter sido necessária diante de toda aquela crítica, em meio àquela sociedade puramente patriarcal, para que elas se ativessem à coisa tal como a viam, sem se acovardarem. Apenas Jane Austen conseguiu, e Emily Brontë. É mais um louro, talvez o mais delicado, em suas coroas.

Elas escreveram como as mulheres escrevem, e não como os homens. Dentre todos os milhares de mulheres que escreveram romances na época, somente elas ignoraram por completo as admoestações perpétuas do eterno pedagogo — escreva isto, pense aquilo. Somente elas foram surdas àquela voz persistente, ora resmungona, ora paternalista, ora dominadora, ora pesarosa, ora chocada, ora enraivecida, ora avuncular; àquela voz que não conseguia deixar as mulheres em paz, mas estava sempre junto delas, como uma governanta por demais conscienciosa, a instá-las, como Sir Egerton Brydges, a serem refinadas; arrastando até mesmo para a crítica da poesia a crítica do sexo;* advertindo-as, se fossem boas e ganhassem, suponho, algum prêmio reluzente, a se manterem dentro de certos limites que o cavalheiro em questão considerasse adequados — "... as romancistas só devem aspirar à excelência reconhecendo corajosamente as limitações de seu sexo".** Isso resume o assunto, e quando eu lhes disser, para sua grande surpresa, que essa frase não foi escrita em agosto de 1828, mas em agosto de 1928, vocês concordarão, penso eu, em que por mais divertido que isso nos pareça hoje, representa uma vasta massa de opinião — não pretendo mexer nessas águas passadas — que era muito mais vigorosa e muito mais sonora um século atrás. Seria preciso uma jovem muito resoluta, em 1828, para desconsiderar todas aquelas afrontas e repreensões e promessas de prêmios. Era preciso ser uma espécie de incendiária para dizer para si mesma: Ah, mas eles não podem comprar a literatura também! A literatura é franqueada a todos. Recuso-me a permitir que você,

---

* "Ela tem um objetivo metafísico e essa é uma obsessão perigosa, especialmente numa mulher, pois as mulheres raramente possuem o sadio amor dos homens pela retórica. É uma estranha carência num sexo que, em outros aspectos, é mais primitivo e mais materialista." — *New Criterion*, junho de 1928. (N.A.)

** "Se, como o repórter, você acredita que as romancistas só devem aspirar à excelência reconhecendo corajosamente as limitações de seu sexo (Jane Austen demonstrou com que graça é possível realizar esse gesto...)." — *Life and Letters*, agosto de 1928. (N.A.)

por mais bedel que seja, me mande sair do gramado. Tranque suas bibliotecas, se quiser, mas não há portão, nem fechadura, nem trinco que você consiga colocar na liberdade de minha mente.

Mas, qualquer que tenha sido o efeito do desestímulo e da crítica em seus escritos — e creio que tiveram um efeito muito grande —, isso era sem importância, comparado à outra dificuldade que elas enfrentavam (eu ainda estava considerando as romancistas do início do século XIX) quando chegavam a pôr seus pensamentos no papel, isto é, não tinham o amparo de tradição alguma, ou uma tradição tão curta e parcial que era de pouca serventia. Isso porque pensamos retrospectivamente através de nossas mães quando somos mulheres. De nada adianta recorrer aos grandes escritores do sexo masculino em busca de ajuda por muito que se possa recorrer a eles em busca de prazer. Lamb, Browne, Thackeray, Newman, Sterne, Dickens, De Quincey — quem quer que seja — jamais ajudaram uma mulher até hoje, embora ela possa ter aprendido com eles alguns truques e possa tê-los adaptado para seu uso. O peso, o ritmo, o progresso da mente do homem, divergem demais dos dela para que ela possa dele extrair com êxito qualquer coisa de substancial. A imitadora está longe demais para ser diligente.* Talvez a primeira coisa que ela iria descobrir, ao pousar a pena no papel, é que não havia nenhuma frase em comum pronta para ser usada por ela. Todos os grandes romancistas, como Thackeray, Dickens e Balzac, escreveram uma prosa natural, ligeira, mas não desleixada; expressiva, mas não preciosista; que assumia o próprio toque deles sem deixar de ser propriedade comum. Fundamentavam-na na frase que era corrente na época. A frase, corrente no início do século XIX, talvez fosse mais ou menos assim:"A grandeza de suas obras era para eles uma razão não para estacarem, mas para prosseguirem. Não poderiam ter maior excitação ou satisfação que no exercício de sua arte e

---

*V. Woolf alude aqui a uma frase em que Stevenson afirma: "... fui um imitador diligente de Hazlitt, Lamb..." (N.T.)

em gerações intermináveis de verdade e beleza. O sucesso induz ao exercício, e o hábito facilita o sucesso." Essa é uma frase de homem; por trás dela podem-se ver Johnson, Gibbon e os outros. Era uma frase inadequada para ser empregada por uma mulher. Charlotte Brontë, com todo o seu dom esplêndido para a prosa, tropeçou e caiu com essa arma desajeitada nas mãos. George Eliot cometeu com ela atrocidades que ultrapassam qualquer descrição. Jane Austen olhou-a, riu-se dela e concebeu uma frase perfeitamente natural e bem equilibrada para seu próprio uso, e nunca se afastou dela. Assim, com menos talento para escrever do que Charlotte Brontë, conseguiu dizer infinitamente mais. De fato, uma vez que a liberdade e a plenitude de expressão são da essência da arte, essa falta de tradição, essa escassez e inadequação dos instrumentos devem ter afetado enormemente os escritos das mulheres. Além disso, um livro não é feito de frases estendidas de uma ponta à outra, e sim de frases erigidas, se é que a imagem ajuda, em galerias ou cúpulas. E também essa forma foi feita pelos homens a partir de suas próprias necessidades e para suas próprias aplicações. Não há razão para supor que a forma da epopeia ou da peça poética sejam mais adequadas para a mulher do que a frase. Mas todas as formas mais antigas de literatura estavam consolidadas e firmadas na época em que ela se tornou escritora. Apenas o romance era suficientemente novo para ser maleável em suas mãos — outra razão, talvez, por que ela escreveu romances. E, no entanto, quem pode afirmar que mesmo agora "o romance" (coloco-o entre aspas para assinalar meu sentimento sobre a inadequação da palavra), quem pode dizer que até esta, que é a mais maleável de todas as formas, é corretamente moldada para emprego pela mulher? Sem dúvida, iremos descobri-la dando-lhe forma por si mesma, quando puder usar seus membros livremente, e proporcionando algum novo veículo, não necessariamente em verso, para a poesia que existe nela. Pois é à poesia que ainda se nega uma saída. E pus-me a ponderar de que modo, hoje em dia, uma mulher escreveria uma tragédia poética em cinco atos. Será que usaria versos? Não preferiria usar a prosa?

Mas essas são perguntas difíceis, que se acham no crepúsculo do futuro. Devo abandoná-las, quanto mais não seja pelo fato de me estimularem a vaguear para longe de meu tema, florestas sem trilhas adentro, onde me perderei e, muito provavelmente, serei devorada por feras selvagens. Não quero mencionar esse assunto tão lúgubre (e estou certa de que vocês não querem que o faça), o futuro da ficção, de modo que me deterei aqui apenas por um momento, a fim de chamar-lhes a atenção para o grande papel a ser desempenhado nesse futuro, na medida em que as mulheres, pelas condições físicas, estão envolvidas. De algum modo, o livro tem que se adaptar ao corpo, e com algum risco poder-se-ia dizer que os livros das mulheres deverão ser mais curtos e mais condensados que os dos homens, e estruturados de tal modo que não precisem de horas prolongadas de trabalho regular e ininterrupto. Pois interrupções, sempre as haverá. Ademais, os nervos que alimentam o cérebro parecem diferir nos homens e nas mulheres, e se vocês pretendem fazer com que eles trabalhem ao máximo e da melhor maneira, devem descobrir-lhes o mais adequado tratamento — se essas horas de palestras, por exemplo, que os mongens presumivelmente conceberam há centenas de anos, ajustam-se a eles —, de que alternâncias de trabalho e repouso eles precisam, interpretando-se o repouso não como um não fazer nada, e sim como um fazer algo, mas algo que é diferente. E qual seria essa diferença? Tudo isso deve ser discutido e descoberto; tudo isso faz parte da questão das mulheres e da ficção. E, no entanto, continuei, voltando a aproximar-me da estante, onde ainda encontraria aquele elaborado estudo da psicologia das mulheres feito por uma mulher? Se, por sua incapacidade de jogarem futebol, as mulheres não iam ter permissão de praticar a medicina...

Felizmente, meus pensamentos sofreram nesse momento uma outra reviravolta.

Capítulo V

Eu havia finalmente chegado, no correr dessa perambulação, às prateleiras que contêm livros de autores vivos — de homens e mulheres pois há agora quase tantos livros escritos por mulheres quanto por homens. Ou, se isso ainda não é exatamente verdade, se o masculino é ainda o sexo volúvel, é certamente verdade que as mulheres já não escrevem apenas romances. Há os livros de Jane Harrison sobre arqueologia grega; os livros de Vernon Lee sobre estética; os livros de Gertrude Bell sobre a Pérsia. Há livros sobre todo tipo de assuntos em que, há uma geração, nenhuma mulher teria tocado. Há poemas e peças e crítica; há histórias e biografias, livros de viagens e livros de erudição e pesquisa; há até algumas filosofias e livros sobre ciência e economia. E embora os romances predominem, é bem possível que os próprios romances tenham mudado a partir da associação com livros de outra natureza. A simplicidade natural, a era épica da produção literária das mulheres, talvez tenha passado. A leitura e a crítica talvez lhe tenham ampliado mais o alcance, aumentado a sutileza. O impulso para a autobiografia ter-se-á esgotado. Talvez a mulher esteja começando a usar a literatura como uma arte, não como um método de expressão pessoal. Entre esses novos romances poder-se-ia encontrar a resposta para diversas dessas indagações.

Tomei um deles ao acaso. Estava bem no canto da prateleira, chamava-se *A aventura da vida*, ou um título semelhante, de Mary Carmichael, e foi publicado neste exato mês de outubro. Parece ser seu primeiro livro, disse a mim mesma, mas é preciso lê-lo como se fosse o último volume de uma série bastante longa, em prosseguimento a todos os outros livros que andei olhando: os poemas de Lady Winchilsea e as peças de Aphra Behn e os romances das quatro grandes romancistas. Pois os livros continuam uns aos outros, apesar de nosso hábito de julgá-los separadamente. E devo também considerá-la — essa mulher desconhecida — como a descendente de todas aquelas outras mulheres cujas condições de vida estive examinando e ver o que ela herdou de suas características e restrições

Assim, com um suspiro — pois os romances tão frequentemente proporcionam um paliativo, e não um antídoto, fazem-nos deslizar para cochilos letárgicos, em vez de despertar-nos com um ferro em brasa — acomodei-me com um caderno de notas e um lápis para extrair o melhor que pudesse do primeiro romance de Mary Carmichael, *A aventura da vida*.

Para começar, corri os olhos pela página de alto a baixo. Primeiro vou pegar o jeito das frases dela, disse eu, antes de sobrecarregar minha memória com olhos azuis e castanhos e com a relação que poderia existir entre Chloe e Roger. Haverá tempo para isso, depois que eu tiver determinado se ela tem nas mãos uma pena ou uma picareta. Assim, experimentei uma ou duas frases na língua. Logo se tornou evidente que alguma coisa não estava muito em ordem. O deslizar suave de frase após frase era interrompido. Alguma coisa rasgava, alguma coisa arranhava; uma palavra solta aqui e ali luzia seu facho em meus olhos. Ela se estava "soltando", como dizem nas peças antigas. Era como uma pessoa riscando um fósforo que não se acendia, pensei. Mas por que, perguntei-lhe, como se ela estivesse presente, as frases de Jane Austen não têm a forma correta para você? Será que todas devem ser rejeitadas porque Emma e o sr. Woodhouse estão mortos? Oxalá, suspirei, pudesse ser assim. Pois, enquanto Jane Austen arpeja de melodia a melodia, tal como Mozart de canção a canção, ler esse texto era como estar em mar alto num barco aberto. Lá se ia para cima, lá se afundava outra vez. Essa concisão, esse fôlego curto, talvez significassem que ela temia algo; temia ser chamada 'sentimental", talvez; ou quem sabe recordasse que os textos das mulheres têm sido chamados de floreados, e assim tenha oferecido uma superfluidade de espinhos; mas até que tenha lido uma cena com alguma atenção, não posso ter certeza se ela está sendo ela mesma ou alguém mais. Seja como for, ela não rebaixa nossa vitalidade, pensei, lendo com mais cuidado. Mas está amontoando fatos em demasia. Não vai conseguir usar metade deles num livro desse tamanho. (O livro era cerca da metade de *Jane Eyre*.) Entretanto, de um modo ou de outro, ela conseguiu colocar-nos a todos — Roger, Chloe, Olivia,

Tony e o sr. Bigham — numa canoa rio acima. Espere um minuto, disse eu, reclinando-me na cadeira, preciso examinar a coisa toda com mais cuidado antes de prosseguir.

Tenho quase certeza, disse a mim mesma, de que Mary Carmichael nos está pregando uma peça. Pois sinto-me como a gente se sente numa montanha-russa, quando o carrinho, em vez de mergulhar, como se fora levado a esperar, torna a dar uma guinada para cima. Mary está brincando com a sequência esperada. Primeiro quebrou a frase; agora quebrou a sequência. Muito bem; ela tem todo o direito de fazer ambas as coisas, caso não as esteja fazendo pelo simples gosto de quebrar, mas em nome da criação. De qual dos dois se trata não posso ter certeza até que ela se tenha deparado com uma situação. Vou dar-lhe toda a liberdade de escolher qual será essa situação; ela poderá construí-la com latas de conservas e chaleiras velhas, se quiser; mas terá de convencer-me que acredita tratar-se de uma situação; e então, quando a tiver criado, terá que enfrentá-la. Terá que saltar. E assim, determinada a cumprir meu dever de leitora para com ela, caso ela cumprisse seu dever de escritora para comigo virei a página e li... Lamento interromper tão abruptamente. Não há homens presentes? Vocês me garantem que por trás daquela cortina vermelha não está escondida a figura de Sir Chartres Biron? Somos só mulheres, vocês me garantem? Bem, então posso dizer-lhes que as palavras que li imediatamente a seguir foram: "Chloe gostava de Olivia..." Não se espantem. Não enrubesçam. Vamos admitir, na privacidade de nossa própria sociedade, que essas coisas às vezes acontecem. Às vezes, as mulheres realmente gostam de mulheres.

"Chloe gostava de Olivia", li. E então ocorreu-me que imensa mudança havia ali. Chloe talvez gostasse de Olivia pela primeira vez na literatura. Cleópatra não gostava de Otávia. E de que forma total ter-se-ia alterado *Antônio e Cleópatra* se ela gostasse! De qualquer modo, pensei, temo que deixando minha mente afastar-se um pouco de *A aventura da vida*, a coisa toda se simplifica, se convencionaliza, se assim ousarmos dizê-lo, até o absurdo. O único sentimento de Cleópatra a respeito de Otávia é de ciúme. Será que ela é mais alta do que eu? Como penteia seu cabelo? Talvez a peça não exigisse mais. Mas como teria sido interessante se a relação entre as duas mulheres fosse mais complicada! Todas essas relações entre mulheres, pensei, recordando rapidamente a esplêndida galeria de mulheres fictícias, são simples demais. Tanta coisa foi deixada de fora, sem ser experimentada. E tentei recordar-me de algum caso, no curso de minha leitura, em que duas mulheres fossem representadas como amigas. Há uma tentativa em *Diana of the Crossways*. Há confidentes, é claro, em Racine e nas tragédias gregas. Vez por outra, são mães e filhas. Mas quase sem exceção, elas são mostradas em suas relações com os homens. Era estranho pensar que todas as grandes mulheres da ficção, até à época de Jane Austen, eram não apenas vistas pelo outro sexo, como também vistas apenas em relação ao outro sexo. E que parcela mínima da vida de uma mulher é isso; e que nadinha o homem conhece até mesmo dela, quando a observa através dos óculos escuros ou rosados que o sexo lhe coloca sobre o nariz. Daí, talvez, a natureza peculiar das mulheres na ficção, os extremos surpreendentes de sua beleza e horror, sua alternância entre bondade celestial e depravação demoníaca — pois é assim que um amante a veria à medida que seu amor crescesse ou diminuísse, fosse próspero ou infeliz. Isso não se aplica tanto às romancistas do século XIX, é claro. A mulher torna-se ali muito mais variada e complexa. De fato, talvez tenha sido o desejo de escrever sobre as mulheres que levou os homens a abandonarem, gradativamente, o drama poético, que com sua violência podia usá-las tão pouco, e a conceberem o romance como um continente mais adequado. Mesmo assim, continua a ser óbvio, até nos escritos de Proust, que o homem é terrivelmente tolhido e parcial em seu conhecimento das mulheres, assim como o é a mulher no seu conhecimento dos homens.

Além disso, prossegui, voltando novamente os olhos para a página, está-se tornando evidente que as mulheres, tal como os homens, têm outros interesses além dos interesses perenes da domesticidade. "Chloe gostava de Olivia. Elas dividiam um laboratório..." Continuei a ler e descobri que essas duas jovens mulheres estavam empenhadas em picar fígado, que é, ao que parece, uma cura para a anemia perniciosa, embora uma delas fosse casada e tivesse — penso estar certa em declará-lo — dois filhos pequenos. Agora, tudo isso, é claro, teve de ser deixado de fora, e assim o esplêndido retrato da mulher fictícia é excessivamente simples e demasiadamente monótono. Suponhamos, por exemplo, que os homens só fossem representados na literatura como apaixonados pelas mulheres, e nunca fossem amigos de homens, soldados, pensadores, sonhadores; que pequena quantidade de papéis nas peças de Shakespeare lhes poderiam ser atribuídos, como sofreria a literatura! Talvez pudéssemos ter a maior parte de Otelo e uma boa parcela de Antônio, mas nenhum César, nenhum Brutus, nenhum Hamlet, nenhum Lear, nenhum Jacques — a literatura se empobreceria incrivelmente, como de fato a literatura é empobrecida de modo incalculável pelas portas que foram fechadas às mulheres. Casadas contra sua vontade, mantidas num só cômodo e com uma só ocupação, como poderia um dramaturgo fornecer delas uma avaliação integral, interessante ou verdadeira? O amor era o único intérprete possível. O poeta foi forçado a ser apaixonado ou amargo, a menos, de fato, que optasse por "odiar as mulheres", o que significava, não raro, que ele era pouco atraente para elas.

Agora, se Chloe gosta de Olivia elas compartilham um laboratório, o que por si só tornará a amizade delas mais variada e duradoura, pois será menos pessoal; se Mary Carmichael sabe escrever — e eu estava começando a desfrutar de certa qualidade em seu estilo; se ela tiver um quarto próprio, coisa de que não estou bem certa; se tiver suas próprias quinhentas libras anuais — mas isso ainda fica por comprovar — penso, então, que algo de grande importância aconteceu.

Pois, se Chloe gosta de Olivia e Mary Carmichael souber como expressá-lo, ela acenderá uma tocha naquele vasto aposento onde ainda ninguém penetrou. Tudo são meias-luzes e sombras profundas, como aquelas cavernas serpenteantes onde se entra com uma vela, olhando atentamente para cima e para baixo, sem se saber onde se está pisando. E comecei a reler o livro, e li como Chloe observava Olivia colocar um vaso numa prateleira e dizer que era hora de ir para casa, para junto de seus filhos. Essa é uma visão nunca vista desde o início do mundo, exclamei. E observei também, com muita curiosidade. Queria ver como Mary Carmichael punha mãos à obra para captar aqueles gestos não registrados, aquelas palavras não ditas ou meio ditas que se formam, de modo não mais palpável que as sombras das mariposas no teto, quando as mulheres estão sozinhas, não iluminadas pela luz caprichosa e colorida do sexo oposto. Ela precisará prender a respiração, disse eu, continuando a ler, se quiser conseguir; pois as mulheres são tão desconfiadas de qualquer interesse que não tenha por trás algum motivo evidente, tão terrivelmente acostumadas ao ocultamento e à omissão, que fogem ao piscar de um olho atentamente voltado em sua direção. A única maneira de você fazê-lo, pensei, dirigindo-me a Mary Carmichael como se ela estivesse presente, seria falar em alguma outra coisa, olhando fixamente janela afora, e então anotar, não com um lápis num caderno de notas, mas na mais rápida das taquigrafias, com palavras ainda articuladas indistintamente, o que acontece quando Olivia — esse organismo que tem estado à sombra das rochas nesses milhões de anos — vê a luz cair sobre elas e vê aproximar-se dela um punhado de estranho alimento — conhecimento, aventura, arte. E ela estende a mão para alcançá-lo, pensei, voltando a erguer os olhos da página, e tem que conceber alguma combinação inteiramente nova de seus recursos, tão altamente desenvolvidos para outros fins, de modo a absorver o novo no velho sem perturbar o equilíbrio infinitamente intrincado e elaborado do todo.

Mas, que lástima, eu havia feito o que tinha determinado não fazer: tinha escorregado irrefletidamente para o elogio de meu próprio sexo. "Altamente desenvolvidos", "infinitamente intrincado" — essas são, inegavelmente, expressões de elogio, e elogiar o próprio sexo é sempre suspeito, frequentemente tolo; além disso, nesse caso, como se poderia justificá-lo? Não era possível consultar o mapa e dizer que Colombo descobriu a América e que Colombo era uma mulher; ou pegar uma maçã e observar: Newton descobriu as leis da gravidade e Newton era uma mulher; ou olhar para o céu e ver que os aviões voam lá no alto e dizer que os aviões foram inventados por mulheres. Não há qualquer marca na parede para medir a altura exata das mulheres. Não há metros, criteriosamente divididos nas frações de um centímetro, que se possam dispor sobre as qualidades de uma boa mãe ou a dedicação de uma filha, ou a fidelidade de uma irmã, ou a capacidade de uma dona de casa. Poucas mulheres, mesmo hoje, diplomaram-se em universidades; as grandes provações das profissões liberais, do exército e da marinha, do comércio, da política e da diplomacia mal chegaram a testá-las. Elas permanecem, até mesmo neste momento, quase sem classificação. Mas se eu quiser conhecer tudo o que um ser humano pode dizer-me sobre Sir Hawley Butts, por exemplo, basta-me abrir Burke ou Debrett para descobrir que ele obteve tal ou qual diploma, possui uma mansão, tem um herdeiro, foi secretário de um conselho, representou a Grã-Bretanha no Canadá, e recebeu certo número de títulos, cargos, medalhas e outras distinções pelas quais seus méritos estão indelevelmente estampados nele. Só a Divina Providência pode saber mais que isso sobre Sir Hawley Butts.

Quando digo, portanto, "altamente desenvolvidos", "infinitamente intrincado" acerca das mulheres, sou incapaz de conferir minhas palavras seja em Whitaker, Debrett ou no Registro da Universidade. Nessa embaraçosa situação, que posso eu fazer? E olhei novamente para a estante. Lá estavam as biografias: Johnson e Goethe e Carlyle e Sterne e Cowper e Shelley e Voltaire e Browning e muitos outros. E comecei a pensar em todos aqueles grandes homens que, por uma razão ou outra, admiraram, procuraram, conviveram, fizeram confidências, amaram, escreveram, confiaram e demonstraram o que só se pode descrever como uma necessidade e dependência de certas pessoas do sexo oposto. Que todas essas relações tenham sido absolutamente platônicas é algo que eu não afirmaria, e Sir William Joynson Hicks provavelmente negaria. Mas faríamos a esses homens ilustres uma enorme injustiça se insistíssemos em que só extraíram dessas alianças consolação, lisonja e os prazeres do corpo. O que extraíram, é óbvio, foi algo que seu próprio sexo era incapaz de fornecer; e talvez não fosse precipitado defini-lo ainda, sem citar as palavras indubitavelmente exaltadas dos poetas, como algum estímulo, alguma renovação do poder criativo que apenas o sexo oposto tem o direito de conferir. Ele abriria a porta da sala de estar ou do quarto dos brinquedos, pensei, e a encontraria talvez entre seus filhos, ou com um bordado sobre os joelhos — de qualquer modo, o centro de alguma ordem e sistema de vida diferentes — e o contraste entre esse mundo e o dele próprio, que seriam os tribunais de justiça ou a Câmara dos Comuns, imediatamente o reanimaria e revigoraria; e seguir-se-ia, até mesmo na conversa mais simples, tal diferença natural de opiniões que as ideias nele ressequidas seriam mais uma vez fertilizadas; e a visão dela, criando num meio diferente do dele próprio, de tal modo aceleraria seu poder criativo que, imperceptivelmente, sua mente estéril começaria novamente a tramar e ele descobriria a frase ou a cena que estava faltando quando pusera o chapéu para ir visitá-la. Todo Johnson tem sua Thrale e apega-se firmemente a ela por razões desse tipo, e, quando Thrale se casa com seu professor italiano de música, Johnson fica meio louco de ódio e repulsa, não apenas porque irá sentir saudade de suas noites agradáveis em Streatham, mas porque a luz de sua vida ficará "como que apagada".

E sem ser um dr. Johnson ou um Goethe ou um Carlyle ou um Voltaire, a gente pode sentir, embora de forma muito diferente desses grandes homens, a natureza desse labirinto e o poder dessa faculdade criativa altamente desenvolvida das mulheres. Entra-se no cômodo — mas os recursos da língua inglesa seriam estendidos ao máximo, e revoadas inteiras de palavras teriam de existir forçando ilogicamente com as asas o caminho da existência antes que uma mulher pudesse descrever o que acontece quando ela entra num cômodo. Os cômodos diferem tão completamente! São calmos ou estrondosos; abrem-se para o mar, ou, ao contrário, dão para um pátio de prisão; são cheios de roupa lavada pendurada, ou transbordantes de opalas e sedas; são duros como a crina do cavalo ou macios como plumas — basta que entremos em qualquer cômodo de qualquer rua para que a totalidade dessa extremamente complexa força da feminilidade nos salte aos olhos. E como poderia ser de outro modo? Pois as mulheres têm permanecido dentro de casa por todos esses milhões de anos, de modo que a estas alturas as próprias paredes estão impregnadas por sua força criadora, a qual, de fato, sobrecarregou de tal maneira a capacidade dos tijolos e da argamassa que deve precisar atrelar-se a canetas e pincéis e negócios e política. Mas esse poder criativo difere em grande parte do poder criativo dos homens. E é preciso que se conclua que seria mil vezes lastimável que fosse impedido ou desperdiçado, pois foi conquistado durante séculos da mais drástica disciplina, e não há nada que possa lhe tomar o lugar. Seria mil vezes lastimável se as mulheres escrevessem como os homens, ou vivessem como os homens, ou se parecessem com os homens, pois se dois sexos são bem insuficientes, considerando-se a vastidão e a variedade do mundo, como nos arranjaríamos com apenas um? Não deveria a educação revelar e fortalecer as diferenças, e não as similaridades? Pois temos uma semelhança excessiva do jeito que as coisas são, e se algum explorador voltasse e trouxesse notícias de outros sexos espiando através dos galhos de outras árvores em outros céus, nada prestaria maior serviço à humanidade; e teríamos, de quebra, o imenso prazer de ver o professor X sair apressadamente em busca de seus instrumentos de medida para provar-se "superior".

Mary Carmichael, pensei, ainda pairando a uma certa distância acima da página, terá o seu trabalho preparado, como simples observadora. Temo realmente que se sinta tentada a se transformar no que considero o ramo menos interessante da espécie — a romancista naturalista, e não a contemplativa. Há tantos fatos novos para ela observar! Não mais precisará limitar-se às casas respeitáveis da alta classe média. Entrará sem bondade ou condescendência, mas com espírito de camaradagem, naquelas pequenas salas perfumadas onde se sentam a cortesã, a meretriz e a dama com o cãozinho de estimação. Ali elas ainda se sentam com as grosseiras roupas prontas que o escritor masculino lhes colocou à força sobre os ombros. Mas Mary Carmichael tomará da tesoura e irá talhá-las sob medida para que se ajustem a cada reentrância e cada ângulo. Será uma visão curiosa — quando chegar — ver essas mulheres tal como são, mas precisamos esperar um pouco, pois Mary Carmichael ainda ficará embaraçada por aquele constrangimento em presença do "pecado", o legado de nosso barbarismo sexual. Ainda usará nos pés os velhos grilhões ordinários da camada social.

No entanto, a maioria das mulheres não é nem de meretrizes nem de cortesãs, e nem tampouco senta-se apertando cãezinhos de estimação contra o veludo empoeirado toda tarde de verão. Mas o que fazem então? E veio-me à imaginação uma daquelas longas ruas de alguma parte ao sul do rio, cujas infindas fileiras de casas são incontavelmente habitadas. Com os olhos da imaginação, vi uma senhora muito idosa atravessando a rua, apoiada no braço de uma mulher de meia-idade, sua filha, talvez, ambas tão respeitavelmente calçadas e recobertas de peles que o vestir-se, à tarde, deve ser um ritual para elas, e as próprias roupas devem ser guardadas em armários com cânfora, ano após ano, durante todos os meses do verão. Elas atravessam a rua no momento em que as lâmpadas estão sendo acendidas (pois o crepúsculo é sua hora favorita), como devem ter feito ano após ano. A mais velha está perto dos oitenta, mas se alguém lhe perguntasse o que a vida significou para ela, diria que recordava as ruas iluminadas para a batalha de Bataclava, ou que ouvira os canhões dispararem no Hyde Park pelo nascimento do rei Eduardo VII. E se alguém lhe perguntasse, tentando definir o momento com dia e estação: Mas o que estava a senhora fazendo em 5 de abril de 1868, ou em 2 de novembro de 1875?, ela faria uma expressão vaga e diria não conseguir lembrar-se de nada. Pois todos os jantares foram preparados; os pratos e copos, lavados; as crianças mandadas para a escola e mergulhadas no mundo. Nada resta de tudo isso. Tudo se evaporou. Nenhuma biografia ou história tem uma palavra a dizer a esse respeito. E os romances, sem que o pretendam, mentem inevitavelmente.

Todas essas vidas infinitamente obscuras permanecem por registrar, disse eu, dirigindo-me a Mary Carmichael como se ela estivesse presente; e prossegui em pensamento pelas ruas de Londres, sentindo na imaginação a pressão do mutismo, o acúmulo de vidas não registradas, quer das mulheres nas esquinas com as mãos nas cadeiras e os anéis incrustados nos dedos inchados, falando com uma gesticulação semelhante ao balanço das palavras de Shakespeare; quer das vendedoras de violetas e de fósforos e das velhas encarquilhadas paradas nos vãos das portas; ou das moças errantes cujos rostos, qual ondas sob o sol e as nuvens, assinalam a chegada de homens e mulheres e as luzes bruxuleantes das vitrines. Tudo isso você terá que explorar, disse eu a Mary Carmichael, segurando a tocha firmemente em suas mãos. Acima de tudo, você deve iluminar sua própria alma, com suas profundezas e superficialidades, e suas vaidades e generosidades, e dizer o que sua beleza significa para você, ou sua feiura, e qual é sua relação com o mundo permanentemente mudando e girando de luvas e sapatos e tecidos balançando de um lado para outro entre os odores suaves que saem dos vidros dos farmacêuticos e atravessam arcadas de tecido sobre um piso de pseudomármore. Pois, em imaginação, eu havia entrado numa loja; ela era forrada com um piso preto e branco e estava decorada, de modo surpreendentemente belo, com fitas coloridas. Pensei que Mary Carmichael bem poderia dar de passagem uma olhada naquilo, pois é uma visão que se prestaria tão adequadamente à pena quanto qualquer pico recoberto de neve ou qualquer desfiladeiro rochoso nos Andes. E há também a moça atrás do balcão — para mim tanto faz conhecer a verdadeira história dela como a centésima quinquagésima vida de Napoleão ou o septuagésimo estudo sobre Keats e seu uso da inversão miltoniana, que o velho professor Z e outros como ele estão agora redigindo. E então fui, muito cautelosamente, bem nas pontas dos pés (tão covarde que sou, tão temerosa do açoite que um dia quase caiu sobre meus próprios ombros), murmurar-lhe que ela deveria também aprender a rir, sem amargura, das vaidades — ou melhor, das peculiaridades, que é uma palavra menos ofensiva — do outro sexo. Pois há um pontinho do tamanho de um xelim na parte posterior da cabeça que ninguém jamais consegue ver por si. Esse é um dos bons serviços que o sexo pode prestar ao sexo — descrever esse pontinho do tamanho de um xelim na parte posterior da cabeça. Pensem em quantas mulheres se beneficiaram dos comentários de Juvenal, da crítica de Strindberg. Pensem com que humanidade e brilhantismo, desde as eras mais remotas, os homens apontaram às mulheres esse ponto escuro na parte posterior da cabeça! E se Mary fosse muito corajosa e muito franca, ficaria atrás do outro sexo e nos diria o que encontrou ali. Um quadro verdadeiro do homem como um todo nunca poderá ser pintado enquanto uma mulher não descrever aquele pontinho do tamanho de um xelim. O sr. Woodhouse e o sr. Casuabon são pontinhos desse tamanho e natureza. Não, é claro, que alguém em sã consciência a aconselhasse a zombar e ridicularizar com intento deliberado — a literatura mostra a futilidade do que se escreve com esse espírito. Seja verdadeira, diria alguém, e o resultado está fadado a ser espantosamente interessante. A comédia está fadada a enriquecer-se. Novas verdades estão fadadas a ser descobertas.

Entretanto, era mais do que hora de baixar meus olhos novamente para a página. Melhor seria, em vez de especular sobre o que Mary Carmichael poderia e deveria escrever, verificar o que Mary Carmichael efetivamente escrevera. Portanto, recomecei a ler. Lembrei-me de que tinha certas queixas contra ela. Ela havia quebrado a frase de Jane Austen e, desse modo, não me dera oportunidade de envaidecer-me com meu gosto impecável, meus ouvidos difíceis de contentar. Pois era inútil dizer: "Sim, sim, isso está muito bom, mas Jane Austen escrevia muito melhor do que você", quando eu tinha que admitir que não havia a menor semelhança entre elas. Portanto, ela fora mais além e quebrara a sequência — a ordem esperada. Talvez o tivesse feito inconscientemente, meramente dando às coisas sua ordem natural, como faria uma mulher, se escrevesse como uma mulher. Mas o efeito era um tanto desconcertante; não se conseguia ver uma onda a se avolumar, uma crise aproximando-se na próxima esquina. Portanto, não pude envaidecer-me nem com a profundeza de meus sentimentos nem com meu profundo conhecimento da alma humana. Pois, sempre que estava prestes a sentir as coisas habituais nos lugares habituais, sobre o amor, sobre a morte, essa criatura incômoda repelia-me para longe, como se o ponto importante estivesse um pouquinho mais adiante. E assim ela me tornara impossível despejar minhas frases sonoras sobre os "sentimentos básicos", o "caráter comum da humanidade", "as profundezas do coração humano", e todas essas outras expressões que nos fortalecem em nossa crença de que, por mais astutos que sejamos aparentemente, no fundo somos muito graves, muito profundos e muito humanos. Ela me fez sentir, pelo contrário, que em vez de ser grave, profundo e humano, era possível que se fosse — uma ideia bem menos sedutora — apenas preguiçoso mentalmente e, de quebra, convencional.

Mas continuei a ler e observei alguns outros fatos. Ela não era nenhum "gênio" — isso era evidente. Nada tinha do amor à Natureza, da imaginação febril, da poesia selvagem, da inteligência brilhante, da sabedoria meditativa de suas grandes predecessoras — Lady Winchilsea, Charlotte Brontë, Emily Brontë, Jane Austen e George Eliot; não conseguia escrever com a melodia e a dignidade de Dorothy Osborne —; a rigor, não era mais que uma moça inteligente cujos livros serão sem dúvida triturados pelos editores dentro de dez anos. Mas, ainda assim, tem certas vantagens que faltaram a mulheres de talento bem maior mesmo há apenas meio século. Os homens já não eram para ela "a facção oposta"; ela não precisava desperdiçar tempo reclamando deles; não precisava subir no telhado e destruir sua paz de espírito ansiando por viagem, experiência e um conhecimento do mundo e dos caráteres que lhe eram negados. O medo e o ódio haviam quase desaparecido, ou traços deles surgiam apenas num ligeiro exagero da alegria pela liberdade, numa tendência a ser mais cáustica e satírica que romântica, em sua abordagem do outro sexo. Depois, não havia dúvida de que, enquanto romancista, ela desfrutava de certas vantagens naturais de ordem elevada. Tinha uma sensibilidade muito ampla, ávida e livre. Essa sensibilidade reagia a toques quase imperceptíveis. Regozijava-se qual uma planta recém-colocada ao ar livre a cada visão e som que lhe chegasse. Abarcava também, de modo muito sutil e curioso, coisas quase desconhecidas ou não registradas; iluminava-se diante de pequeninas coisas e mostrava que, afinal, talvez não fossem pequeninas. Trazia à luz coisas enterradas e fazia-nos imaginar que necessidade teria havido de enterrá-las. Ainda que desajeitada e sem o porte inconsciente da longa linhagem que torna o menor toque da pena de um Thackeray ou de um Lamb um deleite para o ouvido, ela havia — comecei a pensar — dominado a primeira grande lição: escrevia como uma mulher, mas como uma mulher que esquecera ser mulher, de modo que suas páginas se enchiam daquela curiosa qualidade sexual que só aparece quando o sexo não tem consciência de si mesmo.

Tudo isso ia ser vantajoso. Mas nenhuma profusão de sensações ou delicadeza de percepção teria serventia a menos que ela conseguisse construir com o efêmero e o pessoal o duradouro edifício que permanece de pé. Eu tinha dito que esperaria até que ela se defrontasse com uma "situação". E eu queria com isso dizer, até que ela provasse, convocando, acenando e reunindo, que ela não roçava simplesmente superfícies, mas que havia mergulhado o olhar até as profundezas. É agora, diria ela a si mesma em certo momento, que posso mostrar, sem nada fazer de violento, o significado de tudo isso. E começaria — quão inconfundível é essa animação! — a acenar com as mãos e a convocar, e na memória se ergueriam, meio esquecidas, coisas talvez bastante banais de outros capítulos caídas pelo caminho. E ela faria sentir a presença delas, enquanto alguém costurasse ou fumasse um cachimbo o mais naturalmente possível, e nós poderíamos sentir, à medida que ela continuasse a escrever, como se tivéssemos chegado ao topo do mundo e o visto estender-se, com toda a majestade, lá embaixo.

Seja como for, ela estava tentando. E enquanto a observava aquecer-se para o teste, vi, mas esperei que ela não visse, os bispos e deões, os doutores e os lentes, os patriarcas e os pedagogos, todos a gritar-lhe advertências e conselhos. Você não pode fazer isto e não deve fazer aquilo! Só os *fellows* e os universitários podem pisar no gramado!

As damas não podem entrar sem uma carta de apresentação! Excelsas e graciosas romancistas, por aqui! E assim se mantinham junto a ela, como a multidão junto à cerca nas corridas de cavalos, e era sua vez de tentar o seu salto sobre a cerca, sem olhar para a direita ou para a esquerda. Se você parar para praguejar, está perdida, disse-lhe eu; se parar para rir, também. É só hesitar ou gaguejar e você estará acabada. Pense apenas no salto, implorei-lhe, como se tivesse apostado todo o meu dinheiro em suas costas; e ela saltou sobre a cerca como um pássaro. Mas havia outra cerca depois dessa, e mais outra ainda. Se ela teria o poder de manter-se firme era algo de que eu duvidava, pois os aplausos e os gritos eram um desgaste para os nervos. Mas ela fez o melhor que pôde. Considerando-se que Mary Carmichael não era nenhum gênio, e sim uma jovem desconhecida escrevendo seu primeiro romance num quarto e sala, sem ter o bastante dessas coisas desejáveis, como tempo, dinheiro e lazer, ela não se saiu tão mal, pensei.

Deem-lhe mais uns cem anos, concluí, lendo o último capítulo — os narizes e os ombros descobertos das pessoas apareciam sob um céu estrelado, pois alguém havia puxado a cortina da sala de estar —, deem-lhe um quarto próprio e quinhentas libras por ano, deixem-na falar livremente e ponham de lado metade do que ela agora afirma, e um dia desses ela escreverá um livro melhor. Será uma poeta, disse eu, colocando *A aventura da vida*, de Mary Carmichael, no final da prateleira, dentro de mais uns cem anos.

Capítulo VI

No dia seguinte, a claridade da manhã de outubro atravessava em raios poeirentos as janelas sem cortinas e o burburinho do tráfego subia da rua. Londres, portanto, se levantava outra vez; a fábrica estava em atividade; as máquinas davam a partida. Era tentador, após toda essa leitura, olhar pela janela e ver o que Londres estava fazendo na manhã de 26 de outubro de 1928. E o que Londres estava fazendo? Ninguém, ao que parece, estava lendo *Antônio e Cleópatra*. Londres mostrava-se inteiramente indiferente, ao que parecia, às peças de Shakespeare. Ninguém ligava a mínima — e não posso culpá-los — para o futuro da ficção, a morte da poesia ou o desenvolvimento, pela mulher média, de um estilo de prosa completamente expressivo de suas ideias. Se opiniões sobre qualquer desses assuntos tivessem sido escritas a giz na calçada, ninguém teria se abaixado para lê-las. O desinteresse dos pés apressados as teria apagado em meia hora. Ali vinha um moleque de recados; acolá, uma mulher com um cachorro na guia. O fascínio das ruas de Londres é que nunca há duas pessoas iguais; cada qual parece entregue a um assunto todo seu. Havia os do tipo dos negócios, com suas maletas; havia os vadios, raspando varetas pelos gradis locais; havia personagens afáveis, para quem as ruas servem de salão de clube, cumprimentando os homens nos carros e dando informações sem serem solicitados a tanto. Havia também os funerais, para os quais os homens, subitamente despertos para a efemeridade dos próprios corpos, erguiam o chapéu. E então um cavalheiro muito distinto desceu lentamente um vão de porta e estacou para evitar um encontrão com uma senhora apressada que, de um modo ou de outro, havia adquirido esplêndido casaco de peles e um ramo de violetas de Parma. Todos pareciam ilhados, absortos em si mesmos, em seus próprios assuntos.

Nesse momento, como acontece tão frequentemente em Londres, houve uma completa calmaria e suspensão do tráfego. Nada desceu a rua, ninguém passou. Uma única folha desprendeu-se do olmo no final da rua e, na pausa e silêncio total, caiu. De algum modo, foi como se caísse um sinal, um sinal que apontasse para uma força nas coisas que havia passado despercebida. Pareceu apontar para um rio que corria, invisível, do outro lado da esquina, descendo a rua, e que levava as pessoas e as girava em redemoinhos, como a correnteza de Oxbridge carregara o universitário, em seu barco, e as folhas mortas. Agora ele estava levando de um lado para o outro da rua, diagonalmente, uma jovem de botas de couro de boa qualidade, e depois um rapaz de sobretudo marrom; estava trazendo, também, um táxi; e reuniu todos três num ponto bem abaixo de minha janela, onde o táxi parou; e a moça e o rapaz pararam; e entraram no táxi; e, depois, o táxi afastou-se deslizando, como que arrastado pela correnteza para algum outro lugar.

A cena era bastante corriqueira; o estranho foi a ordem rítmica com que minha imaginação a revestiu, e o fato de que a visão corriqueira de duas pessoas entrando num táxi teve o poder de comunicar algo de sua própria aparente satisfação. A visão de duas pessoas descendo a rua e encontrando-se na esquina parece liberar o espírito de alguma tensão, pensei, obvervando o táxi fazer a curva e desaparecer. Talvez pensar, como eu vinha pensando nesses dois dias, num sexo assim distinto do outro seja um esforço. Ele interfere na unidade da mente. Agora aquele esforço havia cessado e aquela unidade fora restaurada ao ver duas pessoas se juntarem e entrarem num táxi. A mente é decerto um órgão muito misterioso, refleti, afastando minha cabeça da janela, sobre o qual não se sabe absolutamente nada, embora dependamos dele tão completamente. Por que sinto que há cisões e oposições na mente, tal como há tensões vindas de causas óbvias no corpo? O que se pretende dizer com "unidade da mente"?, ponderei, pois é claro que a mente tem um poder de concentração tão grande em qualquer ponto e a qualquer momento que parece não ter nenhum estado único de ser. Ela pode isolar-se das pessoas na rua, por exemplo, e pensar em si mesma como apartada delas, numa janela superior, olhando-as lá embaixo. Ou pode pensar espontaneamente com as outras pessoas, como, por exemplo, numa multidão esperando para ouvir a leitura de alguma notícia. Pode pensar retrospectivamente, através de seus pais ou de suas mães, como eu disse que a mulher que escreve pensa retrospectivamente através de suas mães. Além disso, quando se é mulher, é-se frequentemente surpreendida por uma súbita cisão da consciência, digamos, ao descer a pé a Whitehall, quando, pelo fato de ser a herdeira natural daquela civilização, ela se lhe torna, ao contrário, estranha, alheia e crítica. Sem dúvida, o espírito está sempre alterando de foco e colocando o mundo sob perspectivas diferentes. Mas alguns desses estados de espírito, mesmo que espontaneamente adotados, parecem menos confortáveis que outros. Para manter-se continuamente neles, a pessoa retém inconscientemente alguma coisa, e aos poucos a repressão converte-se num esforço. Mas talvez haja algum estado mental em que se permaneceria sem esforço, por não haver necessidade de reter nada. E este, pensei, recuando da janela e entrando, talvez seja um deles. Pois certamente, quando vi o casal entrar no táxi, foi como se a mente, depois de dividida, houvesse voltado a reunir-se numa fusão natural. A razão óbvia seria de que é natural os sexos cooperarem. Temos um instinto profundo, se bem que irracional, em favor da teoria de que a união do homem e da mulher resulta na satisfação maior, na mais completa felicidade. Mas a visão de duas pessoas entrando no táxi e a satisfação que isso me deu levaram-me também a perguntar se haverá dois sexos na mente, correspondendo aos dois sexos do corpo, e se eles também precisariam ser unidos para se conseguir completa satisfação e felicidade. E continuei amadoristicamente a esboçar uma planta da alma, de tal modo que, em cada um de nós, presidiriam dois sexos, um masculino e um feminino; e, no cérebro do homem, o homem predomina sobre a mulher, e, no cérebro da mulher, a mulher predomina sobre o homem. O estado normal e confortável é aquele em que os dois convivem juntos em harmonia, cooperando espiritualmente. Quando se é homem, ainda assim a parte feminina do cérebro deve ter influência; e a mulher deve também manter relações com o homem em seu interior. Coleridge talvez tenha querido referir-se a isso quando disse que as grandes mentes são andróginas. É quando ocorre essa fusão que a mente é integralmente fertilizada e usa todas as suas faculdades. Talvez uma mente puramente masculina não consiga criar, do mesmo modo que uma mente puramente feminina, pensei. Mas conviria testar o que se quer dizer com masculino-femininamente e, ao contrário, com feminino-masculinamente, fazendo uma pausa e examinando um ou dois livros.

Coleridge certamente não pretendeu dizer, ao afirmar que a grande mente é andrógina, que ela é uma mente que tem qualquer simpatia especial pelas mulheres; uma mente que advogue sua causa ou se dedique à interpretação delas. Talvez a mente andrógina seja menos apta a fazer essas distinções do que a unissexuada. Ele quis dizer, quem sabe, que a mente andrógina é ressoante e porosa; que transmite emoções sem empecilhos; que é naturalmente criativa, incandescente e indivisa. De fato, volta-se à mente de Shakespeare como o tipo da mente andrógina, masculino-feminina, embora fosse impossível dizer o que Shakespeare achava das mulheres. E se é verdade que um dos símbolos da mente integralmente desenvolvida é que ela não pensa especialmente ou separadamente no sexo, quão mais difícil é atingir esse estado agora do que em qualquer época anteriormente! Nesse ponto, cheguei aos livros de autores vivos e ali me detive e perguntei-me se esse fato não estaria na raiz de algo que havia muito me intrigava. Nenhuma era jamais conseguirá ser tão ruidosamente consciente do sexo quanto a nossa; esses incontáveis livros escritos por homens acerca de mulheres no Museu Britânico são prova disso. A campanha pelo sufrágio sem dúvida teve culpa. Ela deve ter despertado nos homens um extraordinário desejo de autoafirmação; deve tê-los feito colocarem em seu próprio sexo e suas características uma ênfase em que não se teriam dado o trabalho de pensar, se não tivessem sido desafiados. E quando se é desafiado, mesmo por umas poucas mulheres de bonés pretos, retalia-se, caso nunca se tenha sido desafiado antes, com bastante excesso. Isso talvez explique algumas das características que me recordo haver encontrado aqui, pensei, apanhando um novo romance do sr. A, que está na plenitude da vida e é, aparentemente, muito considerado pelos críticos. Abri-o. De fato, era delicioso ler novamente um texto de homem. Era tão direto, tão reto depois dos escritos das mulheres. Indicava tanta liberdade mental, tanta liberdade pessoal, tanta confiança em si mesmo. Tinha-se uma sensação de bem-estar físico na presença dessa mente bem nutrida, bem-educada e livre, que nunca fora impedida ou contrariada, mas tivera ampla liberdade, desde o nascimento, para estender-se da maneira que bem lhe aprouvesse. Tudo isso era admirável. Mas, após ler um ou dois capítulos, uma sombra pareceu estirar-se sobre a página. Era uma barra escura e reta, uma sombra de forma algo semelhante à da letra "I".* Começava-se a espreitar de um lado e de outro, para vislumbrar a paisagem por trás dela. Se aquilo era realmente uma árvore ou uma mulher caminhando, eu não tinha muita certeza. Volta e meia, era-se novamente atraído para a letra "I". Começava-se a ficar cansado de "I". Não que esse "I" não fosse um "I" extremamente respeitável, honesto e lógico; sólido como uma rocha, e polido por séculos de bons ensinamentos e boa alimentação. Respeito e admiro esse "I" do fundo de meu coração. Mas (nesse ponto, virei uma ou duas páginas, procurando por uma coisa ou outra) o pior é que, à sombra da letra "I", tudo fica amorfo como a neblina. Será isso uma árvore? Não, é uma mulher. Mas... ela não tem um só osso no corpo, pensei, observando Phoebe, pois esse era seu nome, caminhando pela praia. E então Alan ergueu-se e a sombra de Alan imediatamente obliterou Phoebe. Pois Alan tinha opiniões, e Phoebe se extinguia na torrente de suas opiniões. E depois, pensei, Alan tem paixões; e aqui virei muito depressa uma página após outra, sentindo que a crise se aproximava, e se aproximava mesmo. Aconteceu na praia, sob o sol. Foi feita de modo muito franco. Foi feita vigorosamente. Nada poderia ser mais indecente. Mas... Eu já tinha dito "mas" com demasiada frequência. Não se pode continuar dizendo "mas". É preciso concluir a frase de algum modo, repreendi-me. Devo concluí-la, "Mas... estou entediada!" Mas por que estava eu entediada? Em parte, por causa da dominação da letra "I" e da aridez que, tal como a faia gigante, ela espalha à sua sombra. Nada cresce ali. E em parte por alguma razão mais obscura. Parecia haver algum obstáculo, algum empecilho na mente do sr. A, que bloqueava a fonte de energia criativa e a retinha dentro de limites estreitos. E lembrando-me do almoço em Oxbridge, e da cinza do cigarro e do gato cotó e de Tennyson e Christina Rossetti, tudo num bolo só,

---

* *I*, em inglês, equivale a *eu* em português. (N.T.)

pareceu-me possível que o empecilho estivesse ali. Como ele já não cantarola baixinho "Rolou uma esplêndida lágrima da flor-da-paixão no portão", quando Phoebe caminha pela praia, e ela já não responde "Meu coração é qual pássaro canoro cujo ninho está num broto orvalhado", quando Alan se aproxima, que pode ele fazer? Honesto como o dia e lógico como o sol, há apenas uma coisa que ele possa fazer. E isso ele faz, justiça lhe seja feita, uma vez após outra (disse eu, virando as páginas) e outra vez mais. E isso, acrescentei, ciente da natureza aterradora dessa confissão, parece de certo modo enfadonho. A indecência de Shakespeare desenraíza mil outras coisas em nossa mente, e está longe de ser enfadonha. Mas Shakespeare o faz por prazer; o sr. A, como dizem as enfermeiras, faz de propósito. Faz como um protesto. Está protestando contra a igualdade do outro sexo através da afirmação de sua própria superioridade. Está, portanto, bloqueado e inibido e constrangido, como teria estado Shakespeare se também ele tivesse conhecido srta. Clough e srta. Davies. Sem dúvida, a literatura elisabetana teria sido muito diferente do que é se o movimento feminista tivesse começado no século XVI e não no XIX.

O que, então, isso significa, se essa teoria dos dois lados da mente estiver correta, é que a virilidade tornou-se agora consciente de si mesma — os homens, em outras palavras, escrevem agora apenas com o lado masculino de seu cérebro. É um erro lê-los, para uma mulher, pois ela inevitavelmente procurará algo que não irá encontrar. É o poder de sugestão daquilo de que mais se sente falta, pensei, tomando em minhas mãos o crítico sr. B, e lendo, muito cuidadosamente e muito zelosamente, seus comentários sobre a arte da poesia. Muito competentes eram eles, agudos e plenos de erudição; mas o problema é que seus sentimentos já não se comunicavam; sua mente parecia separada em aposentos diferentes; nem um som era levado de um para outro. Assim, quando se leva à mente uma frase do sr. B, ela cai dura no chão... morta; mas quando se leva à mente uma frase de Coleridge, ela explode e dá à luz todo tipo de outras ideias, e essa é a única espécie de estilo de que se pode dizer que tenha o segredo da vida eterna.

Mas, qualquer que seja sua razão, esse é um fato que se deve deplorar. Pois significa — e nesse ponto eu havia chegado às fileiras de livros do sr. Galsworthy e do sr. Kipling — que algumas das melhores obras de nossos maiores escritores vivos caem em ouvidos surdos. Faça o que fizer, uma mulher não consegue encontrar nelas a fonte de vida eterna que os críticos lhe garantem estar ali. Não é apenas que eles celebrem virtudes masculinas, imponham valores masculinos e descrevam o mundo dos homens; é que a emoção de que esses livros estão permeados é incompreensível para uma mulher. Está chegando, está se avolumando, está prestes a explodir na cabeça da gente, começa-se a dizer muito antes do fim. Esse quadro vai cair sobre a cabeça do velho Jolyon; ele morrerá do choque; o velho sacristão dirá sobre ele duas ou três palavras no obituário; e todos os cisnes do Tâmisa irromperão simultaneamente num canto. Mas a gente sairá correndo antes que isso aconteça e irá esconder-se nos bosques de groselheiras, pois a emoção que é tão profunda, tão sutil e tão simbólica para o homem leva a mulher ao assombro. É o que acontece com os oficiais do sr. Kipling que deram as costas; e com seus Semeadores que semeiam a Semente; e com seus Homens que estão sós com seu Trabalho; e com a Bandeira — a gente enrubesce diante de todas essas maiúsculas, como se tivesse sido apanhada bisbilhotando alguma orgia puramente masculina. A verdade é que nem o sr. Galsworthy nem o sr. Kipling têm em si a centelha da mulher. Assim, todas as suas qualidades afiguram-se à mulher, se é que se pode generalizar, cruas e imaturas. Falta-lhes o poder de sugestão. E quando um livro carece do poder de sugestão, por mais violentamente que atinja a superfície da mente, não consegue penetrá-la.

E naquele estado de inquietação em que se fica a apanhar livros e repô-los sem olhar para eles, comecei a contemplar uma era ainda por vir de pura e autoafirmadora virilidade, tal como as cartas dos mestres (tomemos as cartas de Sir Walter Raleigh, por exemplo) pareciam pressagiar, e os governantes da Itália já fizeram nascer. Pois dificilmente se pode deixar de impressionar-se, em Roma, com o sentimento de masculinidade crua; e qualquer que seja o valor da masculinidade crua sobre o Estado, pode-se questionar seu efeito na arte poética da poesia. De qualquer modo, de acordo com os jornais, há uma certa ansiedade acerca da ficção na Itália. Houve uma reunião de acadêmicos cujo objetivo foi "desenvolver o romance italiano". "Homens famosos por nascimento, ou das finanças, ou da indústria ou das corporações fascistas" reuniram-se um dia desses e discutiram o assunto, tendo-se enviado um telegrama ao Duce expressando a esperança "de que a era fascista logo produzirá um poeta merecedor dela". Todos podemos unir-nos nessa devota esperança, mas é duvidoso que a poesia possa emergir de uma incubadeira. A poesia precisa ter uma mãe e também um pai. O poema fascista, teme-se, será um horrível abortozinho, como os que se veem em vasos de vidro no museu de alguma cidade do interior. Esses monstros nunca vivem muito, dizem; nunca se viu um prodígio desse tipo podando a grama num campo. Duas cabeças num só corpo não contribuem para a extensão da vida.

Contudo, a culpa de tudo isso, caso se esteja ansioso por atribuir culpas, não recai mais num sexo do que no outro. Todos os sedutores e reformadores são responsáveis; Lady Bessborough, quando mentiu a Lord Granville; a srta. Davies, quando disse a verdade ao sr. Greg. Todos os que promoveram um estado de consciência do sexo devem ser culpados, e são eles que me impelem, quando quero ampliar minhas faculdades num livro, a buscá-lo naquela era feliz, antes do nascimento da srta. Davies e da srta. Clough, em que o escritor usava igualmente os dois lados de sua mente. Devemos retornar a Shakespeare, portanto, pois Shakespeare era andrógino; e também o eram Keats e Sterne e Cowper e Lamb e Coleridge. Shelley talvez fosse assexuado. Milton e Ben Jonson tinham neles uma pitada excessiva do masculino. Assim como Wordsworth e Tolstói. Em nossa época, Proust foi totalmente andrógino, senão talvez um pouco demasiadamente feminino. Mas essa falha é rara demais para que nos queixemos dela, já que, sem alguma mistura desse tipo, o intelecto parece predominar e as outras faculdades da mente se enrijecem e tornam-se estéreis. Entretanto, consolei-me com a reflexão de que isso talvez seja uma fase passageira; boa parte do que disse em cumprimento a minha promessa de oferecer-lhes o curso de meus pensamentos parecerá obsoleta; boa parte do que flameja em meus olhos parecerá duvidosa a vocês que ainda não atingiram a maioridade.

Mesmo assim, a primeiríssima frase que eu escreveria aqui, disse, encaminhando-me até a escrivaninha e apanhando a página com o título AS MULHERES E A FICÇÃO, é que é fatal para quem quer que escreva pensar em seu sexo. É fatal ser um homem ou uma mulher, pura e simplesmente; é preciso ser masculinamente feminina ou femininamente masculino. É fatal para uma mulher colocar a mínima ênfase em qualquer ressentimento; advogar, mesmo com justiça, qualquer causa; de qualquer modo, falar conscientemente como mulher. E fatal não é uma figura de retórica, pois qualquer coisa escrita com essa tendenciosidade consciente está condenada à morte. Deixa de ser fertilizada. Por brilhante e eficaz, poderosa e magistral que se afigure por um ou dois dias, deve fenecer ao cair da noite; não consegue crescer na mente de outrem. Alguma colaboração tem que ocorrer na mente entre a mulher e o homem antes que a arte da criação possa realizar-se. Algum casamento entre opostos precisa ser consumado. A totalidade da mente deve estar escancarada, se quisermos ter o sentimento de que o escritor está comunicando sua experiência com perfeita integridade. É preciso haver liberdade e é preciso haver paz. Nenhuma roda deve ranger, nenhuma luz piscar. As cortinas devem estar totalmente cerradas. O escritor, pensei, uma vez concluída sua experiência, deve recostar-se e deixar que sua mente celebre suas núpcias na escuridão. Não deve olhar ou questionar o que está sendo feito. Em vez disso, deve arrancar as pétalas de uma rosa ou observar os cisnes flutuando calmamente rio abaixo. E tornei a ver a correnteza que levou o barco e o universitário e as folhas mortas; e o táxi levou o homem e a mulher, pensei, vendo-os reunirem-se do outro lado da rua, e a correnteza os arrastou, pensei, ouvindo na distância o bramir do tráfego de Londres, para dentro daquela torrente formidável.

Aqui, portanto, Mary Beton para de falar. Ela lhes disse como chegou à conclusão — à prosaica conclusão — de que é necessário ter quinhentas libras por ano e um quarto com fechadura na porta se vocês quiserem escrever ficção ou poesia. Tentou expor sem disfarces os pensamentos e impressões que a levaram a pensar assim. Pediu-lhes que a acompanhassem voando para os braços de um bedel, almoçando aqui, jantando acolá, traçando desenhos no Museu Britânico, retirando livros da prateleira, olhando pela janela. Enquanto ela esteve fazendo todas essas coisas, vocês sem dúvida estiveram observando seus deslizes e fraquezas e determinando que efeito tiveram nas opiniões dela. Vocês a estiveram contradizendo e fazendo quaisquer acréscimos ou subtrações que lhes tenham parecido apropriados. E tudo isso é como deve ser, pois, numa questão como essa, a verdade só pode ser alcançada pondo-se lado a lado muitas variedades de erro. E concluirei agora em minha própria pessoa, antecipando duas críticas, tão óbvias que vocês dificilmente deixarão de fazê-las.

Nenhuma opinião foi expressa, dirão vocês, sobre os méritos comparados dos dois sexos sequer como escritores. Isso foi feito propositadamente porque, mesmo que fosse chegada a hora de tal avaliação — e é muito mais importante, no momento, saber quanto dinheiro as mulheres tiveram, e quantos quartos, do que teorizar sobre sua capacidade — mesmo que fosse chegada a hora, não creio que os dons, sejam eles da mente ou do caráter, possam ser pesados como açúcar e manteiga, nem mesmo em Cambridge, onde eles são tão versados em colocar as pessoas em turmas e fixar-lhes bonés na cabeça e letras depois de seus nomes. Não creio que mesmo a Tabela de Precedência, que vocês poderão encontrar no *Almanaque* de Whitaker, represente uma ordem definitiva dos valores, ou que haja alguma razão sólida para supor que um Comendador da Ordem do Banho acabe por entrar para jantar atrás de um Mestre em Insânia. Toda essa rinha de sexo contra sexo, de qualidade contra qualidade; toda essa alegação de superioridade e imputação de inferioridade, pertencem ao estágio de escola particular da existência humana, onde há "lados", e é necessário que um lado vença o outro lado, e é da máxima importância subir numa plataforma e receber das mãos do próprio diretor um vaso altamente ornamental. À medida que amadurecem, as pessoas deixam de crer em lados ou em diretores ou em vasos altamente ornamentais. De qualquer modo, no que concerne aos livros, é notoriamente difícil apor-lhes rótulos de honra ao mérito de tal modo que não se desprendam. Pois não são as resenhas da literatura atual uma ilustração perpétua da dificuldade de julgamento? "Este grande livro", "este livro sem valor" — o mesmo livro é chamado de ambas as formas. Tanto o louvor como a censura nada significam. Não, por agradável que seja o passatempo da mensuração, ele é a mais fútil de todas as ocupações, e submeter-se aos éditos dos medidores é a mais servil das atitudes. Desde que vocês escrevam o que desejarem escrever, isso é tudo o que importa; e se vai importar por séculos ou apenas horas, ninguém pode dizer. Mas sacrificar um fio de cabelo de suas opiniões, uma só nuança de sua cor, em deferência a algum diretor com um vaso de prata na mão ou a algum professor com uma régua de medir escondida na manga, é a mais abjeta das traições, e, comparado a ela, o sacrifício da riqueza e da castidade, que se costumava dizer que era a maior das desgraças humanas, é uma simples bagatela.

Em seguida, penso que vocês podem levantar a objeção de que fiz demasiado alarde da importância das coisas materiais. Mesmo concedendo uma generosa margem ao simbolismo, no sentido de que quinhentas libras por ano representam o poder de contemplar, e de que a fechadura na porta significa o poder de pensar por si mesma, vocês ainda poderão dizer que a mente deve elevar-se acima dessas coisas; e que os grandes poetas foram frequentemente homens pobres. Permitam-me então citar-lhes as palavras de seu próprio Catedrático de Literatura, que sabe melhor do que eu o que contribui para a feitura de um poeta. Sir Arthur Quiller-Couch escreve:*

---

* *The Art of Writing*, de Sir Arthur Quiller-Couch. (N.A.)

"Quais são os grandes nomes poéticos dos últimos cem anos, aproximadamente? Coleridge, Wordsworth, Byron, Shelley, Landor, Keats, Tennyson, Browning, Arnold, Morris, Rossetti, Swinburne — podemos parar por aqui. Dentre esses, todos, com exceção de Keats, Browning e Rossetti, foram homens saídos das Universidades; e dentre esses três, Keats, que morreu jovem, ceifado na plenitude da vida, era o único que não tinha muitas posses. Talvez pareça uma coisa brutal dizê-lo, e é triste dizê-lo, mas, na dura realidade, a teoria de que o gênio poético floresce onde é semeado, e de igual modo entre pobres e ricos, contém pouca veracidade. Na dura realidade, nove entre esses doze foram homens saídos da Universidade: o que significa que, de um modo ou de outro, conseguiram os meios de obter a melhor educação que a Inglaterra pode proporcionar. Na dura realidade, dos três restantes, vocês sabem que Browning era abastado, e aposto com vocês que, não tivesse ele sido abastado, não teria conseguido escrever *Saul* ou *The Ring and the Book*, assim como Ruskin não teria chegado a escrever *Modern Painters*, não tivesse seu pai sido um próspero comerciante. Rossetti tinha uma pequena renda pessoal e, além disso, pintava. Resta apenas Keats, a quem Átropos assassinou ainda jovem, assim como assassinou John Clare num hospício e James Thomson pelo láudano que tomou diante da decepção com as drogas. Esses são fatos terríveis, mas vamos enfrentá-los. É certo — por mais desonroso que seja para nós como nação — que, por alguma falha de nossa comunidade, o poeta pobre não tem hoje em dia, nem teve nos últimos duzentos anos, a mínima chance. Creiam-me — e passei uns bons dez anos observando umas trezentas e vinte escolas primárias —, podemos tagarelar sobre a democracia, mas, na verdade, uma criança pobre na Inglaterra tem pouco mais esperança do que tinha o filho de um escravo ateniense de emancipar-se até a liberdade intelectual de que nascem os grandes textos."

Ninguém conseguiria expor a questão de maneira mais direta. "O poeta pobre não tem hoje em dia, nem teve nos últimos duzentos anos, a mínima chance... uma criança pobre na Inglaterra tem pouco mais esperança do que tinha o filho de um escravo ateniense de emancipar-se até a liberdade intelectual de que nascem os grandes textos." É isso aí. A liberdade intelectual depende de coisas materiais. A poesia depende da liberdade intelectual. E as mulheres sempre foram pobres, não apenas nos últimos duzentos anos, mas desde o começo dos tempos. As mulheres têm tido menos liberdade intelectual do que os filhos dos escravos atenienses. As mulheres, portanto, não têm tido a mínima chance de escrever poesia. Foi por isso que coloquei tanta ênfase no dinheiro e num quarto próprio. Entretanto, graças ao trabalho árduo dessas mulheres obscuras no passado, sobre quem eu gostaria que conhecêssemos mais, graças, curiosamente, a duas guerras — a da Crimeia, que permitiu a Florence Nightingale sair de sua sala de estar, e a guerra europeia, que abriu as portas à mulher comum cerca de sessenta anos depois —, esses males estão em vias de ser minorados. Caso contrário, vocês não estariam aqui esta noite, e sua probabilidade de ganharem quinhentas libras por ano, por precária que temo que ainda seja, seria extremamente diminuta.

Mesmo assim poderão vocês objetar: Por que você atribui tanta importância a que as mulheres escrevam livros, quando, em sua opinião, isso exige tanto esforço, leva talvez ao assassinato das próprias tias, quase certamente faz com que a pessoa se atrase para o almoço e pode levá-la a discussões muito sérias com certos ótimos sujeitos? Meus motivos, permitam-me admitir, são parcialmente egoístas. Como a maioria das inglesas incultas, gosto de ler — gosto de ler livros a granel. Nos últimos tempos, minha dieta tornou-se um tantinho monótona; a história envolve excessivamente as guerras; a biografia, excessivamente os grandes homens; a poesia tem exibido, penso eu, uma tendência à esterilidade; e a ficção... mas já expus suficientemente minhas falhas como crítica da ficção moderna e não direi mais nada a respeito. Portanto, peço-lhes que escrevam todo tipo de livros, não hesitando diante de nenhum assunto, por mais banal ou mais vasto que seja. Por bem ou por mal, espero que vocês se apoderem de dinheiro bastante para as viagens e o lazer, para contemplar o futuro ou o passado do mundo, para sonhar com livros e vaguear pelas esquinas e mergulhar a linha do pensamento fundo na corrente. Pois de modo algum as restrinjo à ficção. Se quiserem agradar-me — e há milhares como eu —, podem escrever livros de viagem e aventura, e pesquisa e estudo, e história e geografia, e crítica e filosofia e ciência. Assim fazendo, certamente beneficiarão a arte da ficção. Pois os livros têm um jeito de se influenciarem mutuamente. A ficção estará muito melhor em grande intimidade com a poesia e a filosofia. Ademais, se vocês examinarem qualquer grande figura do passado — como Safo, como Lady Murasaki, como Emily Brontë —, descobrirão que ela é tanto uma herdeira quanto uma geradora, e que veio ao mundo porque as mulheres passaram a ter o hábito de escrever naturalmente; de modo que, até como prelúdio à poesia, essa atividade de sua parte teria valor inestimável.

Mas quando reexamino estas anotações e critico meu próprio fluxo de pensamentos enquanto as formulava, descubro que meus motivos não foram inteiramente egoístas. Perpassa esses comentários e digressões a convicção — ou será o instinto? — de que os bons livros são desejáveis e de que os bons escritores, mesmo que exibam todas as variedades da depravação humana, são ainda bons seres humanos. Portanto, quando lhes peço que escrevam mais livros, insisto em que façam algo que será para seu bem e para o bem do mundo em geral. Como justificar esse instinto ou crença eu não sei, pois as palavras filosóficas, quando não se foi educada numa universidade, são propensas a trair-nos. O que se pretende dizer com "realidade"? Parece algo muito caprichoso, muito incerto — ora encontrável numa estrada poeirenta, ora num recorte de jornal na rua, ora num narciso ao sol. Ilumina um grupo numa sala e marca algum dito casual. Esmaga-nos ao caminharmos para casa sob as estrelas e torna o mundo do silêncio mais real do que o mundo da fala — e então, lá está ela de novo, num ônibus, no bruaá de Piccadilly. Por vezes, também, parece habitar formas demasiadamente distantes para que possamos discernir qual é sua natureza. Mas, o que quer que toque, ela fixa e torna permanente. Isso é o que resta quando a carcaça do dia foi recolhida num canto; é o que resta do tempo passado e de nossos amores e ódios. Ora, o escritor, segundo penso, tem a oportunidade de viver mais do que as outras pessoas em presença dessa realidade. É sua obrigação encontrá-la e colhê-la e comunicá-la ao restante de nós. Ao menos é isso que infiro da leitura de *Lear*, ou *Emma*, ou *La Recherche du temps perdu*. Pois a leitura desses livros parece executar uma curiosa operação germinativa nos sentidos; vê-se mais intensamente depois; o mundo parece despido de seu invólucro e provido de vida mais intensa. Invejáveis são as pessoas que vivem em maus termos com a irrealidade; e dignas de pena as que são golpeadas na cabeça pela coisa feita sem conhecimento ou cuidado. Assim, quando lhes peço que ganhem dinheiro e tenham seu próprio quarto, estou-lhes pedindo que vivam em presença da realidade, uma vida animadora, ao que parece, quer se consiga partilhá-la ou não.

Neste ponto eu me deteria, mas as pressões da convenção determinam que todo discurso deve terminar com uma peroração. E uma peroração dirigida às mulheres deve ter algo, vocês hão de convir, de particularmente exaltador e nobilitante. Eu lhes imploraria que se lembrem de suas responsabilidades, que sejam mais elevadas, mais espirituais; eu lhes lembraria quanta coisa depende de vocês e que enorme influência podem exercer no futuro. Mas essas exortações, penso eu, podem ser tranquilamente deixadas a cargo de outro sexo, que as colocará, e a rigor as tem colocado, com muito maior eloquência do que posso alcançar. Quando vasculho minha própria mente, não encontro sentimentos nobres sobre sermos companheiras e iguais e influenciarmos o mundo para fins mais elevados. Descubro-me dizendo, breve e prosaicamente, que é muito mais importante se ser o que é do que qualquer outra coisa. Não sonhem influenciar outras pessoas, eu diria, se soubesse fazê-lo de forma mais brilhante. Pensem nas coisas como são.

E mais uma vez vem-me à lembrança, mergulhando em jornais e romances e biografias, que, quando uma mulher fala com mulheres, deve ter algo muito desagradável escondido na manga. As mulheres são duras com as mulheres. As mulheres não gostam das mulheres.

As mulheres — mas será que vocês não estão completamente fartas da palavra? Garanto-lhes que eu estou. Concordemos, então, em que um artigo lido por uma mulher para mulheres deve terminar com algo particularmente desagradável.

Mas como é isso? Em que posso pensar? A verdade é que frequentemente gosto das mulheres. Gosto de sua informalidade. Gosto de sua inteireza. Gosto de seu anonimato. Gosto... Mas não devo prosseguir desta maneira. Aquele armário lá... Vocês dizem que ele contém apenas guardanapos limpos, mas e se Sir Archibald Bodkin estiver escondido entre eles? Permitam-me então adotar um tom mais severo. Ter-lhes-ei eu, nas palavras precedentes, transmitido suficientemente as advertências e a exprobação da humanidade? Falei-lhes sobre o conceito muito baixo em que as tinha o sr. Oscar Browning. Mostrei o que Napoleão pensou de vocês em certa época e o que Mussolini pensa agora. Depois, para o caso de alguma dentre vocês aspirar à ficção, transcrevi para seu bem a recomendação do crítico sobre reconhecerem corajosamente as limitações de seu sexo. Referi-me ao professor X e dei destaque à sua afirmação de que as mulheres são intelectualmente, moralmente e fisicamente inferiores aos homens. Transmiti-lhes tudo o que veio a mim sem que eu procurasse, e aqui está uma advertência final, do sr. John Langdon Davies.* O sr. John Langdon Davies adverte as mulheres de "que quando as crianças deixam de ser inteiramente desejáveis, as mulheres deixam de ser inteiramente necessárias". Espero que vocês tomem nota disso.

Como posso incentivá-las mais a empreenderem a tarefa de viver? Minhas jovens, diria eu, e tenham a bondade de prestar atenção, pois a peroração está começando, vocês são, a meu ver, vergonhosamente ignorantes. Nunca fizeram uma descoberta de qualquer importância. Nunca sacudiram um império ou levaram um exército à batalha. As peças de Shakespeare não são de sua autoria, e vocês nunca apresentaram uma raça de bárbaros às bênçãos da civilização. Qual

---

* *A Short History of Women*, de John Langdon Davies. (N.A.)

é sua desculpa? É muito fácil vocês dizerem, apontando para as ruas e praças e florestas do globo fervilhando de habitantes negros e brancos e cor de café, todos extremamente ocupados com o tráfego e as empresas e o fazer amor, que estivemos ocupadas com outro trabalho. Sem nosso trabalho, esses mares não seriam navegados e aquelas terras férteis seriam um deserto. Geramos e alimentamos e lavamos e instruímos, talvez até os seis ou sete anos de idade, o bilhão e seiscentos e vinte e três milhões de seres humanos que, segundo as estatísticas, existem atualmente, e isso, mesmo admitindo que algumas de nós tenhamos tido ajuda, leva tempo.

Há uma certa verdade no que vocês dizem, não o nego. Mas, ao mesmo tempo, permitam-me lembrar-lhes que existem pelo menos duas faculdades para mulheres na Inglaterra desde o ano de 1866; que, a partir do ano de 1880, a mulher casada foi autorizada, por lei, a possuir sua própria propriedade; e que em 1919 — e já se vão aí nove anos inteiros! — ela obteve o direito de voto. Será que posso também lembrar-lhes que a maioria das profissões está aberta a vocês há quase dez anos? Quando refletirem sobre esses imensos privilégios e sobre a extensão de tempo em que eles vêm sendo desfrutados, e sobre o fato de que deve haver, neste momento, umas duas mil mulheres capazes de ganhar mais de quinhentas libras por ano de um modo ou de outro, vocês hão de concordar que a desculpa da falta de oportunidade, formação, incentivo, lazer e dinheiro já não se aplica. Além disso, os economistas têm-nos dito que a sra. Seton teve filhos demais. Vocês devem, é claro, continuar a ter filhos, mas, como dizem eles, aos dois e aos três, e não às dezenas e às dúzias.

Assim, com algum tempo em suas mãos e algum conhecimento livresco na cabeça — vocês já tiveram o bastante do outro tipo e, em parte, suspeito de que estejam sendo enviadas à universidade para serem desinstruídas —, sem dúvida ingressarão num outro estágio de sua carreira muito longa, muito laboriosa e altamente obscura. Milhares de penas estão prontas para sugerir-lhes o que devem fazer e que efeito terão. Minha própria sugestão é um pouco fantástica, admito; prefiro, portanto, colocá-la em forma de ficção.

Disse-lhes, no transcorrer deste ensaio, que Shakespeare teve uma irmã; mas não procurem por ela na vida do poeta escrita por Sir Sidney Lee. Ela morreu jovem — ai de nós! Não escreveu uma palavra. Ela está enterrada onde os ônibus param agora, em frente a Elephant and Castle. Pois bem, minha crença é que essa poetisa que nunca escreveu uma palavra e que foi enterrada numa encruzilhada ainda vive. Ela vive em vocês e em mim, e em muitas outras mulheres que não estão aqui esta noite, porque estão lavando a louça e pondo os filhos para dormir. Mas ela vive; pois os grandes poetas nunca morrem, são presenças contínuas, precisam apenas da oportunidade de andarem entre nós em carne e osso. Essa oportunidade, segundo penso, começa agora a ficar a seu alcance conferir-lhe. Pois minha crença é que, se vivermos aproximadamente mais um século — e estou falando da vida comum que é a vida real, e não das vidinhas à parte que vivemos individualmente — e tivermos, cada uma, quinhentas libras por ano e o próprio quarto; se tivermos o hábito da liberdade e a coragem de escrever exatamente o que pensamos, se fugirmos um pouco da sala de estar comum e virmos os seres humanos nem sempre em sua relação uns com os outros, mas em relação à realidade, e também o céu e as árvores ou o que quer que seja, como são; se olharmos mais além do espectro de Milton, pois nenhum ser humano deve tapar o horizonte; se encararmos o fato, pois é um fato, de que não há nenhum braço em que nos apoiarmos, mas que seguimos sozinhas e que nossa relação é para com o mundo da realidade e não apenas para com o mundo dos homens e das mulheres, então chegará a oportunidade, e o poeta morto que foi a irmã de Shakespeare assumirá o corpo que com tanta frequência deitou por terra. Extraindo sua vida das vidas das desconhecidas que foram suas precursoras, como antes fez seu irmão, ela nascerá. Quanto a ela chegar sem essa preparação, sem esse esforço de nossa parte, sem essa determinação de que, quando nascer novamente, ela achará possível viver e escrever sua poesia, isso não podemos esperar, pois isso seria impossível. Mas afirmo que ela viria se trabalhássemos por ela, e que trabalhar assim, mesmo na pobreza e na obscuridade, vale a pena.

Sobre a autora

Virginia Woolf nasceu em Londres, Inglaterra, em 25 de janeiro de 1882. Filha do editor Leslie Stephen, recebeu uma educação apurada, frequentando o mundo literário desde cedo.

Em 1912, Virginia casou-se com Leonard Woolf. Juntos fundaram, em 1917, a Hogarth Press, editora que, além de publicar as histórias de Virginia, notabilizou-se também por revelar escritores como Katherine Mansfield e T.S. Eliot. O casal Woolf ainda fez parte do grupo Bloomsbury, círculo de intelectuais que se posicionaria contra as tradições literárias, políticas e sociais da era vitoriana.

Nesse ambiente de extraordinária expressão intelectual, Virginia Woolf pôde produzir uma obra requintada. Seu maior legado foi desenvolver o que em literatura se convencionou chamar de *stream of consciousness* (fluxo de consciência), isto é, o registro minucioso e fiel do que se passa nas profundezas da mente. Seu romance de estreia foi *A viagem* (1915), e uma das suas obras mais importantes foi *Orlando* (1928), romance histórico que evoca com brilho e humor a Inglaterra da era elisabetana. Destacam-se ainda os romances *Mrs. Dalloway* (1925), *Ao farol* (1927), *As ondas* (1931), *Os anos* (1937) e *Entre os atos* (publicado postumamente em 1941).

Frequentemente atormentada por crises de depressão, Virginia Woolf se suicidou em 28 de março de 1941, atirando-se ao fundo do rio Ouse, no condado de Sussex, Inglaterra.

Conheça os títulos da
Coleção Clássicos para Todos

A Abadia de Northanger – Jane Austen

A arte da guerra – Sun Tzu

A revolução dos bichos – George Orwell

Alexandre e César – Plutarco

Antologia poética – Fernando Pessoa

Apologia de Sócrates – Platão

Auto da Compadecida – Ariano Suassuna

Como manter a calma – Sêneca

Do contrato social – Jean-Jacques Rousseau

Dom Casmurro – Machado de Assis

Feliz Ano Novo – Rubem Fonseca

Frankenstein ou o Prometeu moderno – Mary Shelley

Hamlet – William Shakespeare

Manifesto do Partido Comunista – Karl Marx e Friedrich Engels

Memórias de um sargento de milícias – Manuel Antônio de Almeida

Notas do subsolo & O grande inquisidor – Fiódor Dostoiévski

O albatroz azul – João Ubaldo Ribeiro

O anticristo – Friedrich Nietzsche

O Bem-Amado – Dias Gomes

O livro de cinco anéis – Miyamoto Musashi

O pagador de promessas – Dias Gomes

O Pequeno Príncipe – Antoine de Saint-Exupéry

O príncipe – Nicolau Maquiavel

Poemas escolhidos – Ferreira Gullar

Rei Édipo & Antígona – Sófocles

Romeu e Julieta – William Shakespeare

Sonetos – Camões

Triste fim de Policarpo Quaresma – Lima Barreto

Um teto todo seu – Virginia Woolf

Vestido de noiva – Nelson Rodrigues

Direção editorial
Daniele Cajueiro

Editora responsável
Ana Carla Sousa

Produção editorial
Adriana Torres
Júlia Ribeiro
Laiane Flores
Daniel Dargains
Luisa Suassuna

Revisão
Beatriz D'Oliveira
Ana Grillo
Thadeu Santos

Capa
Sérgio Campante

Diagramação
Alfredo Rodrigues

Este livro foi impresso em 2022
para a Nova Fronteira.